PSICOLOGIA DA APRENDIZAGEM E DA AVALIAÇÃO

Dados Internacionais de Catalogação na Publicação (CIP)

R696p Rodrigues, Ana Maria.

Psicologia da aprendizagem e da avaliação / Ana Maria Rodrigues. – São Paulo, SP : Cengage, 2016.

Inclui bibliografia e glossário.

ISBN 13: 978-85-221-2870-9

1. Psicologia da aprendizagem. 2. Psicologia do desenvolvimento. 3. Avaliação educacional. I. Título.

CDU 37.015.3
CDD 370.15

Índice para catálogo sistemático:

1. Psicologia da aprendizagem   37.015.3

(Bibliotecária responsável: Sabrina Leal Araujo – CRB 10/1507)

PSICOLOGIA DA APRENDIZAGEM E DA AVALIAÇÃO

CENGAGE

Austrália • Brasil • México • Cingapura • Reino Unido • Estados Unidos

CENGAGE

Psicologia da Aprendizagem e da Avaliação

Autora: Ana Maria Rodrigues

Gerente editorial: Noelma Brocanelli

Editoras de desenvolvimento:
Gisela Carnicelli, Regina Plascak e Salete Guerra

Coordenadora e editora de auisições:
Guacira Simonelli

Produção editorial: Sheila Fabre

Copidesque: Sirlene M. Sales

Revisão: Renata de Paula Truyts, Mayra Clara Albuquerque e Juliana Queiroz

Diagramação e Capa:
Marcelo A. Ventura

Imagens usadas neste livro por ordem de páginas:
jiris/Shutterstock; michaeljung/Shutterstock; Helder Almeida/Shutterstock; Lesya_boyko/Shutterstock; John Erickson/Shutterstock; Olesya Feketa/Shutterstock; Stokkete/Shutterstock; Marius Pirvu/Shutterstock; wckiww/Shutterstock; Eric Isselee/Shutterstock; Oksana Kuzmina/Shutterstock; Kiselev Andrey Valerevich/Shutterstock; Robert Kneschke/Shutterstock; Werner Heiber/Shutterstock; iordani/Shutterstock; Georgios Kollidas/Shutterstock; Tyler Olson/Shutterstock; Antonova Anna/Shutterstock; Pressmaster/Shutterstock; Kzenon/Shutterstock; Alliance/Shutterstock; michaeljung/Shutterstock; Lucky Business/Shutterstock; Syda Productions/Shutterstock; bikeriderlondon/Shutterstock; Claudia Paulussen/Shutterstock; Sveta Orlova/Shutterstock; Ollyy/Shutterstock; Oksana Kuzmina/Shutterstock; Monkey Business Images/Shutterstock; KPG_Payless/Shutterstock; Kuttelvaserova Stuchelova/Shutterstock; Elena Vasilchenko/Shutterstock; In Green/Shutterstock; Rido/Shutterstock; g-stockstudio/Shutterstock; Syda Productions/Shutterstock; stockyimages/Shutterstock; Monkey Business Images/Shutterstock; Dragon Images/Shutterstock; Ismagilov/Shutterstock; Ivelin Radkov/Shutterstock; Robert Kneschke/Shutterstock; Khakimullin Aleksandr/Shutterstock; Ikonoklast Fotografie/Shutterstock; wavebreakmedia/Shutterstock; MNStudio/Shutterstock; Monkey Business Images/Shutterstock; kaarsten/Shutterstock; Goodluz/Shutterstock; Danie Nel/Shutterstock; Wikrom Kitsamritchai/Shutterstock; Vixit/Shutterstock

© 2016 Cengage Learning Edições Ltda.

Todos os direitos reservados. Nenhuma parte deste livro poderá ser reproduzida, sejam quais forem os meios empregados, sem a permissão por escrito da Editora. Aos infratores aplicam-se as sanções previstas nos artigos 102, 104, 106, 107 da Lei nº 9.610, de 19 de fevereiro de 1998.

Esta editora empenhou-se em contatar os responsáveis pelos direitos autorais de todas as imagens e de outros materiais utilizados neste livro. Se porventura for constatada a omissão involuntária na identificação de algum deles, dispomo-nos a efetuar, futuramente, os possíveis acertos.

Esta editora não se responsabiliza pelo funcionamento dos links contidos neste livro que possam estar suspensos.

Para permissão de uso de material desta obra, envie seu pedido para
direitosautorais@cengage.com

© 2016 Cengage Learning Edições Ltda.
Todos os direitos reservados.

ISBN 13: 978-85-221-2870-9
ISBN 10: 85-221-2870-7

Cengage Learning Edições Ltda.
Condomínio E-Business Park
Rua Werner Siemens, 111 - Prédio 11
Torre A - Conjunto 12
Lapa de Baixo - CEP 05069-900 - São Paulo - SP
Tel.: (11) 3665-9900 Fax: 3665-9901
SAC: 0800 11 19 39

Para suas soluções de curso e aprendizado, visite
www.cengage.com.br

Impresso no Brasil
Printed in Brazil

Apresentação

Com o objetivo de atender às expectativas dos estudantes e leitores que veem o estudo como fonte inesgotável de conhecimento, esta **Série Educação** traz um conteúdo didático eficaz e de qualidade, dentro de uma roupagem criativa e arrojada, direcionado aos anseios de quem busca informação e conhecimento com o dinamismo dos dias atuais.

Em cada título da série, é possível encontrar a abordagem de temas de forma abrangente, associada a uma leitura agradável e organizada, visando facilitar o aprendizado e a memorização de cada assunto. A linguagem dialógica aproxima o estudante dos temas explorados, promovendo a interação com os assuntos tratados.

As obras são estruturadas em quatro unidades, divididas em capítulos, e neles o leitor terá acesso a recursos de aprendizagem como os tópicos *Atenção*, que o alertará sobre a importância do assunto abordado, e o *Para saber mais*, com dicas interessantíssimas de leitura complementar e curiosidades incríveis, que aprofundarão os temas abordados, além de recursos ilustrativos, que permitirão a associação de cada ponto a ser estudado.

Esperamos que você encontre nesta série a materialização de um desejo: o alcance do conhecimento de maneira objetiva, agradável, didática e eficaz.

Boa leitura!

Prefácio

A psicologia pretende explicar o que as pessoas pensam e sentem. Não é uma ciência fácil. Afinal, tentar entender a mente do ser humano não é algo simples de se fazer.

Justamente pela complexidade de que esta ciência se reveste é que se identifica a sua importância nos mais diversos campos das relações interpessoais.

Neste material, a psicologia será estudada por meio de duas vertentes: a primeira é a Psicologia do Desenvolvimento, que tem por objetivo explorar os fenômenos comportamentais individuais, descrevendo as capacidades, potencialidades, limitações, ansiedades e angústias típicas de cada faixa etária do ser humano. A segunda é a Psicologia da Aprendizagem, área da psicologia que observa, investiga, registra e analisa o processo por meio do qual o ser humano se apropria das formas de pensar e do conhecimento proveniente da experiência humana a partir da interação social.

Para que o estudo possa atingir seu importante objetivo, ele foi dividido em quatro unidades. A primeira explora os conceitos principais dessas duas vertentes da psicologia, passando pelas filosofias de Aristóteles, Sócrates, Platão e Descartes até chegar a Edward Thorndike, Burrhus Frederic Skinner e Edwin R. Guthrie, psicólogos que incentivaram e orientaram a influência da psicologia no processo de desenvolvimento do indivíduo.

Na segunda unidade, o leitor conhecerá como os seres humanos aprendem e quais são as suas fases evolutivas.

A terceira unidade trata dos objetivos da avaliação, trazendo uma importante reflexão acerca desse processo, quais os tipos de avaliação existentes atualmente, quais as normas e técnicas para construção de avaliação e os benefícios do processo de avaliação.

Finalmente, na quarta unidade, é realizada uma importante e abrangente reflexão sobre a afetividade, aprendizagem e avaliação, a importância do *feedback* na vida do aluno e a postura a ser adotada pelo educador no processo de avaliação.

Trata-se de um contexto sucinto, porém fundamental para compreender a importância da psicologia no desenvolvimento do indivíduo.

Desejamos uma boa leitura!

UNIDADE 1
PSICOLOGIA DO DESENVOLVIMENTO E DA APRENDIZAGEM

Capítulo 1 Conhecendo os conceitos, 10

Capítulo 2 Um pouco de história e de filosofia, 13

Glossário, 35

1. Conhecendo os conceitos

Para estudar a psicologia do desenvolvimento e a psicologia da aprendizagem é necessário definir alguns conceitos a fim de que se conheça os termos que estão sendo adotados.

Muitas definições não são lineares e exatas e chegam a ser até mesmo controversas, mas serão apresentadas neste material para facilitar o seu estudo.

Psicologia é a ciência que estuda o comportamento e o pensamento humanos. Busca entender como o ambiente e a experiência afetam o pensamento e a ação, e investiga de que maneira os fatores biológicos e hereditários influenciam no desenvolvimento das pessoas, acompanhando a transformação das crianças em adultos, examinando o que está no **consciente** e no **subconsciente** a partir de influências sociais. É a ciência que tenta explicar como as pessoas pensam, agem e sentem.

A psicologia é muito ampla, e suas áreas abrangem a psicologia do desenvolvimento e a psicologia da aprendizagem, que serão definidas a seguir.

A psicologia do desenvolvimento tem como objeto de estudo os fenômenos comportamentais individuais ou em situação interacional do ser humano, descrevendo as capacidades, potencialidades, limitações, **ansiedades** e **angústias** típicas de cada faixa etária.

Esta área da psicologia contribui para os estudos dos problemas emocionais (**neuroses** e **psicoses**, por exemplo), sociais (delinquência, vícios e outros) e escolares (repetência, **evasão**, distúrbios de aprendizagem, por exemplo).

Desse modo, a psicologia do desenvolvimento é uma das bases para a psicologia da aprendizagem, e sua aplicação é útil para o trabalho de psicólogos, educadores, assistentes sociais e outros profissionais.

Para entender o processo de desenvolvimento do ser humano é necessário entender questões relacionadas à aprendizagem, pois, ao aprender, o ser humano transforma seu comportamento, e isso influencia seu desenvolvimento.

Por essa razão, é importante conhecer a psicologia da aprendizagem.

Psicologia da aprendizagem é a área da psicologia que observa, investiga, registra e analisa o processo por meio do qual o ser humano se apropria das formas de pensar e do conhecimento proveniente da experiência humana, a partir da interação social.

A psicologia da aprendizagem é aplicada à educação e busca mostrar como é possível a aquisição do saber e da cultura acumulados pela interação entre professor e alunos.

Mas o que é aprendizagem?

Aprendizagem é um termo muito utilizado na linguagem popular e, muitas vezes, com acepção diferente da adotada por psicólogos e educadores.

Aprendizagem é a modificação do comportamento a partir de um processo ativo e construtivo que possibilita ao aprendiz manipular estrategicamente os recursos disponíveis, criando novos conhecimentos, atitudes e emoções com base na experiência, no treino, na obtenção de informações do ambiente e na integração com a estrutura informacional já presente em sua memória.

Trata-se de um processo pessoal e gradual, em que aquilo que se aprende não é sempre o "correto", pois também são aprendidos hábitos prejudiciais à saúde (como fumar), que não são necessariamente deliberados, mas aprendidos sem que sequer percebamos isso.

> *ATENÇÃO! Aprender não é simplesmente adquirir informação – é algo que vai além disso. Nem toda mudança comportamental é fruto da aprendizagem. Você pode mudar seu comportamento por efeito do uso de um medicamento, ou por estar muito cansado, ou, até mesmo, em virtude de mudanças biológicas, como a **maturação sexual**.*

Como vimos, a experiência tem um papel muito importante no processo de aprendizagem.

A experiência ocorre quando a pessoa tem contato com algo, participa ou está exposta a eventos internos e externos aos quais é sensível.

A mudança no comportamento que ocorre como resultado da experiência é observável, ou potencialmente observável, e apresenta evidências de que a aprendizagem ocorreu.

Ressalta-se, também, a mudança no potencial para o comportamento, pois os efeitos permanentes da experiência nem sempre são aparentes. Nesse caso, ocorre a mudança na capacidade, ou seja, na potencialidade para fazer algo e, na disposição, na inclinação para o desempenho. A mudança pode permanecer **latente**, aguardando uma oportunidade para se revelar.

Os estudos relacionados à aprendizagem são muito utilizados e considerados em pedagogia, cujo conceito atual engloba a filosofia, a ciência e a técnica da educação.

No entanto, analisando a formação da palavra de origem grega, temos:

- *pais, paidós* = criança;
- *agein* = conduzir;
- *logos* = tratado;

Portanto, a pedagogia estaria relacionada à educação de crianças. Assim, surgiu o termo Andragogia, já que não só crianças aprendem, os adultos também participam de processos de aprendizagem. Andragogia é a ciência que busca compreender o processo de aprendizagem dos adultos.

Malcom Knowles, considerado uma das referências mundiais em educação de adultos, aborda comparativamente a pedagogia e a andragogia. Veja alguns tópicos abordados:

	Pedagogia	Andragogia
Ambiente de aprendizagem	É formal e, geralmente, caracterizado por julgamentos de valor.	É mais informal e caracterizado pela cooperação e pelo respeito mútuo.
Experiência	Geralmente, a experiência do professor é mais valorizada que a dos alunos.	Em algumas situações, a experiência é o recurso mais rico para a aprendizagem.
Motivação	É resultado de estímulos externos ao sujeito como a obtenção de uma boa nota na prova.	Mesmo sensíveis a fatores externos, os de ordem interna motivam mais os adultos.

Além dos termos apresentados, outro muito utilizado ao abordarmos o conhecimento é epistemologia, e, por isso, é importante conhecê-lo. A epistemologia questiona o modo como se conhece o mundo, indagando como o que é considerado real, efetivamente o é.

Uma das principais áreas da filosofia, a epistemologia compreende a possibilidade do conhecimento, ou seja, se é possível o ser humano alcançar o conhecimento total e genuíno, analisando a origem do conhecimento.

ATENÇÃO! Aqueles que estudam o conhecimento são chamados de epistemólogos. Um epistemólogo muito conhecido foi Jean Piaget, suíço que viveu de 1896 a 1980 e fundou a epistemologia genética, teoria do conhecimento com base no estudo da gênese psicológica do pensamento humano.

2. Um pouco de história e de filosofia

Desde a Antiguidade, eram realizados estudos e investigações sobre a aprendizagem. Naquela época, os povos do Egito, da China e da Índia, da Antiguidade Oriental, utilizavam-se dos pressupostos da aprendizagem para transmitir as tradições e os costumes.

Gregos e romanos, povos da Antiguidade Clássica, possuíam duas linhas relacionadas à aprendizagem: a pedagogia da personalidade, que visava à formação individual, e a pedagogia humanista, cujo objetivo era desenvolver a pessoa de modo universal.

Sócrates, Platão e Aristóteles foram importantes filósofos deste período.

Πλάτων
Platão

Σωκράτης
Sócrates

Αριστοτέλης
Aristóteles

Sócrates acreditava que o homem era composto de dois princípios: alma (ou espírito) e corpo. Para ele, a aprendizagem começa a partir do momento em que se admite a própria ignorância e que o indivíduo, então, se abre para o novo e para o despertar do conhecimento que já possui na alma. É o autor da famosa frase: "Sei que nada sei" e foi um defensor do diálogo como método da educação.

Platão é considerado o primeiro pedagogo da história. Segundo ele, o objetivo da educação era a formação do homem moral, que pudesse viver em um Estado justo. Ele acreditava que, por meio do conhecimento, seria possível controlar os instintos, a ganância e a violência. Para ele, os estudantes deveriam ficar à vontade para que pudessem vivenciar o aprendizado, desenvolvendo-se livremente. Seguindo essa linha de raciocínio, o conhecimento não seria transmitido aos alunos, eles deveriam ser orientados a procurar as respostas de suas inquietações, rejeitando, assim, métodos de ensino autoritários.

Aristóteles considerava a imitação o princípio do aprendizado, assim, os bons hábitos eram formados nas crianças com base nos exemplos dados pelos adultos. Para ele, a educação era responsável pelo caráter do aluno.

O ensino de qualquer ofício, como ler e escrever, era realizado a partir da repetição de exercícios graduados, ou seja, cada vez mais difíceis. Era utilizado o método catequético composto de perguntas e respostas, de forma oral e escrita. O aluno tinha de decorar as respostas, reproduzindo literalmente, de forma mecânica, as palavras apresentadas pelo professor.

Na Idade Média, surgem as escolas do pensamento:

- Escola Patrística, representada por Santo Agostinho (354 a 430 d.C.), cujo objetivo era explicar a doutrina cristã;
- Escola Escolástica, representada por São Tomás de Aquino (1226-1274), que buscava a harmonização entre a fé cristã e a razão.

Nesse período, muitas escolas são oficinas em que as ideias são transmitidas como mercadorias. Os homens recebem ensinamentos bélicos e de ofícios e as mulheres ensinamentos relacionados à administração interna de uma casa, visando ao matrimônio.

As escolas surgidas nessa época têm o intuito de atender a uma demanda da nova classe social que não precisava trabalhar para garantir sua sobrevivência, mas que tinha necessidade de ocupar o tempo ocioso de forma digna.

Muitas escolas da Idade Média são controladas pela Igreja, seguindo seus ideais e suas restrições morais.

O método de aprendizagem é centralizado no professor. Só ele tem acesso aos livros, por exemplo. É responsável por ler e explicar os textos, enquanto o estudante deve absorver e memorizar o conteúdo apresentado.

PARA SABER MAIS! Vale a pena ler o especial "Pensadores da Educação" publicado no site Educar para crescer. Disponível em: <http://educarparacrescer.abril.com.br/pensadores-da-educacao/>. Acesso em: 20 jan. 2015.

Do final do século XVI até o século XVIII surgiram duas orientações metodológicas: o empirismo e o racionalismo. O primeiro sustenta a importância da observação e da experimentação; o segundo busca na razão os recursos para recuperação da certeza científica e tem como ícone o filósofo René Descartes (1596-1650).

ATENÇÃO! René Descartes é considerado o precursor do racionalismo e o pai da filosofia moderna. É o autor da seguinte frase: "A proposição Penso, logo existo é a primeira e a mais certa que se apresenta àquele que conduz seus pensamentos com ordem". Além de Descartes, Spinoza (1632-1677) e Leibiniz (1646-1716) também foram responsáveis pela introdução do racionalismo na filosofia moderna.

O racionalismo influencia a concepção inatista da aprendizagem no contexto educacional. O inatismo baseia-se na crença de que as características e capacidades básicas de cada ser humano, como personalidade, valores, comportamento, pensamento, entre outras, são inatas, ou seja, já estão prontas ou potencialmente definidas no momento do nascimento. Desse modo, o tipo de ensino baseado nessa concepção pressupõe que o educador deve interferir o mínimo possível, apenas estimulando características que já existem e organizando o conhecimento para o aluno.

*ATENÇÃO! Uma das críticas ao inatismo é a impossibilidade de mudança, já que o indivíduo nasce com o potencial de desenvolvimento definido. De acordo com esse ponto de vista, o meio em que a pessoa cresce não é importante na formação de suas **estruturas cognitivas**.*

A outra abordagem que surgiu neste período e citada anteriormente é o empirismo, que, com o racionalismo, é uma das correntes formadoras da filosofia moderna.

De acordo com o empirismo, as pessoas nascem com a capacidade de aprender e as experiências adquiridas ao longo da vida determinam o seu desenvolvimento. No contexto educacional, o empirismo influencia a concepção ambientalista de aprendizagem, inspirada na epistemologia empirista e **positivista**, além de ter inspirado um tipo de ensino que se baseia na imitação, na memorização, na repetição e na cópia.

ATENÇÃO! Locke utilizou a expressão latina tábula rasa, já usada por Aristóteles, para ressaltar que a mente nasce vazia, ou seja, sem conhecimento inato. Essa expressão tem o sentido de folha de papel em branco.

Alguns dos representantes do empirismo são os filósofos ingleses Francis Bacon (1561-1626), Thomas Hobbes (1588-1679) e John Locke (1632-1704) e o filósofo escocês David Hume (1711-1776).

ATENÇÃO! O empirismo é criticado por acreditar que a verdade é única e cabe apenas ao outro descobri-la. Dessa forma, o papel da educação é simplesmente transmitir conteúdo, e o aprendizado se resume a decorar o que foi transmitido.

No começo do século XIX, surgiram as **teorias associacionistas**, e diversos pensadores começaram a analisar o impacto das relações sociais para o ensino e a aprendizagem, com a crença de que a educação fosse resultado de uma relação de estímulo e recompensa.

Ainda hoje, é possível citar vários exemplos de aprendizagem por associação. Veja alguns:

1. Oferecimento de recompensas, como presentes, para crianças que obtêm sucesso escolar.

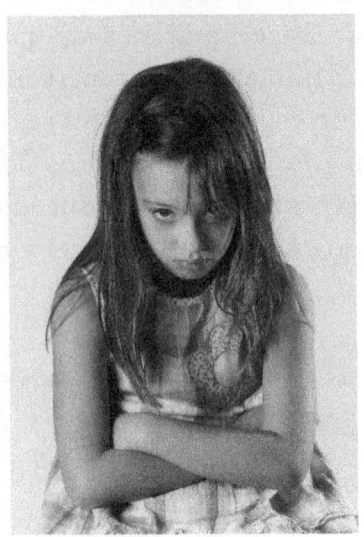

2. Castigos para alunos que fracassam na escola.

3. Sobremesa, balas, chocolates e guloseimas para crianças que comem tudo o que as mães colocam no prato.

No início dos anos de 1900, os psicólogos, especialmente os estadunidenses, voltaram-se aos aspectos mais objetivos do comportamento, dando origem ao behaviorismo ou comportamentalismo.

O behaviorismo acredita que a psicologia é a ciência que estuda o comportamento observável e explica a aprendizagem como aspectos comportamentais a estímulos físicos.

O primeiro pesquisador a estudar o comportamentalismo foi o psicólogo russo, Ivan Pavlov (1849-1936), que estudou o comportamento de cães. Seu objetivo era comprovar o condicionamento clássico.

Um dos experimentos mais famosos de Pavlov foi observar o comportamento de cães para provar que era possível associar um comportamento a um condicionante. O experimento consistia em transferir a resposta de um estímulo para outro da seguinte forma: sempre que ele apresentava um pedaço de carne, o cão salivava. Em seguida, passou a apresentar um pedaço de carne e tocar um sino simultaneamente. Algum tempo depois, apenas ao tocar o sino o cão já salivava.

> Confira a explicação do experimento de forma gráfica:
>
> Alimento (estímulo específico) ⟶ Salivação (resposta não aprendida)
>
> Campainha (estímulo condicionado) ⟶ Resposta de orientação (ouvidos aguçados)
>
> Alimento + campainha ⟶ Salivação
>
> Campainha (estímulo condicionado) ⟶ Salivação (resposta condicionada)

Fonte: adaptado de Lefrançois, G. R. *Teorias da aprendizagem*. São Paulo: Cengage Learning, 2013, p. 37.

Esse experimento contribuiu para o chamado condicionamento clássico, que afirma que todos os comportamentos poderiam ser trabalhados na relação estímulo-resposta.

> *ATENÇÃO! O condicionamento clássico estudou as respostas involuntárias do comportamento, como salivação, medo, sudorese e outras reações sobre as quais não se tem controle absoluto.*

Os estudos de Pavlov serviram de base para a formulação da teoria do condicionamento operante, desenvolvida pelo psicólogo estadunidense Edward Thorndike (1874-1949) e, posteriormente, pelo psicólogo estadunidense Burrhus Frederic Skinner (1904-1990). Nesse condicionamento, um estímulo é oferecido visando a determinada resposta; portanto, o processo de condicionamento não é iniciado pelo próprio organismo, mas depende da atuação do ambiente sobre ele.

Thorndike levou em conta que a aprendizagem humana depende da maturação do indivíduo, da motivação, do exercício e dos efeitos das próprias resoluções de problemas, formulando as seguintes leis de aprendizagem:

- Lei do efeito: o sucesso reforça as conexões nervosas e o insucesso as enfraquece.

- Lei do exercício ou repetição: quanto mais vezes um estímulo é utilizado, mais forte ele se torna, e quanto menos é utilizado, mais fraco fica.

- Lei da maturidade específica: para que a aprendizagem seja efetiva, é necessário que o sujeito esteja preparado para estabelecer uma ligação entre um estímulo-resposta.

Thorndike estabeleceu a base para o condicionamento operante, mas Skinner é considerado o responsável pelo desenvolvimento desse conceito.

Para entender o condicionamento operante, é preciso entender dois termos: reforço e punição.

- Reforço: estímulo que fortalece uma resposta, incentivando a ocorrência e a repetição de um comportamento.
- Punição: estímulo que diminui ou suprime o comportamento, fazendo que ele seja evitado.

O condicionamento operante ocorre da seguinte maneira:

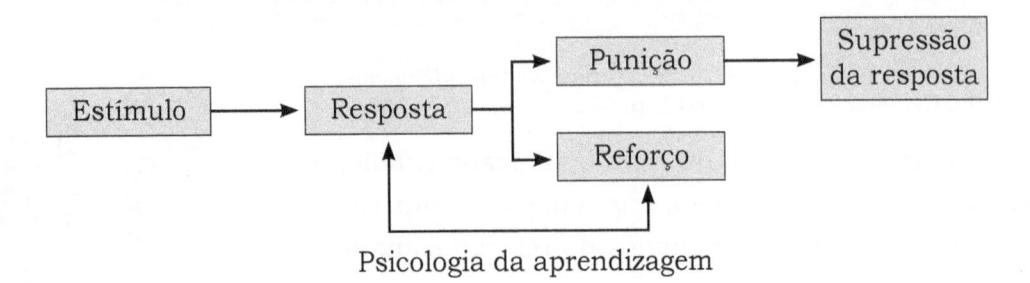

Estímulo → Resposta → Punição → Supressão da resposta
Resposta → Reforço
Reforço → Resposta

Psicologia da aprendizagem

Observe que o reforço provoca a repetição da resposta.

Tanto o reforço como a punição podem ser positivos ou negativos.

No reforço positivo, ocorre a apresentação de um estímulo agradável após um comportamento desejado. Por exemplo, elogiar aquele que se esforça nas atividades escolares.

No reforço negativo, ocorre a remoção de um evento desagradável após o comportamento desejado. Por exemplo, se o doente tomar os comprimidos deixa de sentir dores.

Na punição positiva, ocorre a apresentação de uma consequência desagradável após a realização de um comportamento não desejado. Por exemplo, quando a criança tem mau comportamento e é repreendida.

Na punição negativa, um evento agradável é removido após a realização de um comportamento não desejado. Por exemplo, se a criança faz birra na rua deixa de poder ver televisão durante uma semana.

Skinner foi o responsável pela criação da máquina de ensinar, planejada com base no conhecimento científico sobre o comportamento com o propósito de ser o mais eficiente possível na tarefa de ensinar. A ideia era apresentar uma questão para o aluno e, com base na resposta, fornecer um reforço positivo (caso estivesse correta) ou negativo (caso estivesse errada).

PARA SABER MAIS! Assista ao vídeo disponível no Youtube® "Skinner fala sobre a Máquina de Ensinar" em que o próprio Skinner apresenta os princípios da máquina de ensinar e seus impactos na educação. Disponível em: <https://www.youtube.com/watch?v=vmRmBgKQq20>. Acesso em: 20 jan. 2015.

ATENÇÃO! A corrente behaviorista sugere que seja utilizada a instrução programada no ambiente de ensino, ou seja, o aluno deve aprender com base em algumas etapas, projetadas para alcançar determinados objetivos que devem ser formulados e conduzidos pelo professor. Essa corrente recebe críticas por desconsiderar o processo de construção do conhecimento do aluno.

Na década de 1930, os psicólogos estadunidenses Edwin R. Guthrie (1886-1959), Clark L. Hull (1884-1952) e Edward C. Tolman (1886-1969) estudaram as leis da aprendizagem. Para Guthrie, as respostas formam os componentes da aprendizagem, em vez das percepções ou dos estados mentais. Para Hull, a força do hábito é um dos principais aspectos da aprendizagem que se processa gradualmente, para além dos estímulos originados pelas recompensas. Por fim, Tolman acredita que o sujeito aprende de acordo com o objetivo que pretende alcançar, percebendo o ser humano na sociedade em que está inserido.

Nessa época, surge também o epistemólogo e pensador suíço Jean Piaget (1896-1980), considerado por muitos o nome mais importante da educação no século XX e com grande influência na pedagogia contemporânea.

Piaget contribuiu muito com os seus estudos sobre o desenvolvimento mental e sobre o processo de construção do conhecimento.

A teoria piagetiana afirma que o indivíduo está em constante interação com o meio ambiente e que essa interação resulta em uma mudança contínua chamada adaptação. A aprendizagem, portanto, é o conjunto de mecanismos criados e realizados pela pessoa na tentativa de se adaptar ao meio ambiente e ocorre de acordo com dois movimentos simultâneos e integrados: a assimilação e a adaptação.

A assimilação é a integração de um novo conceito às estruturas cognitivas já presentes, ou seja, o indivíduo responde às situações usando atividades ou conhecimentos já aprendidos ou que estão presentes desde o nascimento.

A acomodação é a criação de uma nova estrutura ou modificação de uma estrutura existente, resultando em mudança.

Para entender melhor esses conceitos, acompanhe o exemplo:

Imagine uma criança aprendendo o nome dos animais. Ela conhece o cachorro, já que tem um na sua casa. De repente, ela vê um cavalo e exclama: "Que cachorro enorme!"

O que aconteceu?

As estruturas cognitivas da criança levam-na a pensar que o cavalo é um cachorro grande (anda sobre quatro patas, tem pelo, rabo, focinho etc.).

Esse é um exemplo de aprendizagem por assimilação (inclusão do novo a uma estrutura existente). A criança integrou o novo conhecimento ao seu repertório atual.

Prosseguindo com o exemplo, imagine que o adulto, acompanhando a criança, diga: "não é um cachorro. É outro animal, chamado cavalo." Nesse momento, a criança percebe que existem algumas características que diferenciam o cachorro de um cavalo, e cria uma nova estrutura cognitiva, já que não há nenhuma estrutura existente para cavalo.

Esse processo, para Piaget, é a acomodação, a qual envolve a teoria de ensino baseada no confronto do conhecido com o novo.

Como exemplos de forma de assimilação têm-se a manipulação dos objetos, a pesquisa e a coleta de dados, e como exemplos de acomodação existem o ensaio e o erro, a reflexão e a reorganização ou reelaboração de dados.

ATENÇÃO! Nenhum comportamento é só assimilação ou só acomodação, pois ambas acontecem juntas.

O balanço entre os dois processos (assimilação e acomodação) é a equilibração. Ocorre, por exemplo, quando uma pessoa tem contato com um novo objeto, gerando um conflito, o que causa desequilibração. Para conhecer esse objeto, o indivíduo precisa se acomodar a ele e modificar-se para então poder lidar com ele.

O crescimento da inteligência ocorre em constante desequilibração e equilibração, que é um processo dinâmico.

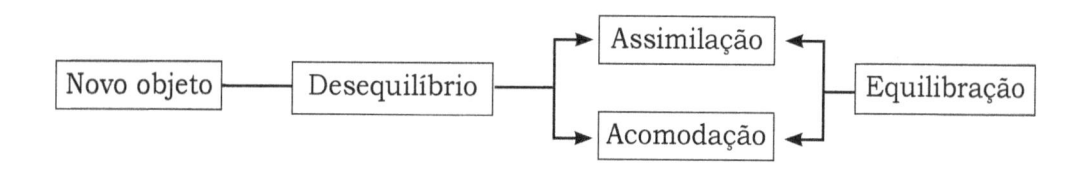

```
Novo objeto ── Desequilíbrio ──┬── Assimilação ──┬── Equilibração
                               └── Acomodação ───┘
```

Uma contribuição relevante da teoria piagetiana é a estruturação dos períodos de desenvolvimento, que marcam o tipo de aprendizagem para o qual a criança está preparada.

De acordo com essa teoria, o desenvolvimento cognitivo no ser humano ocorre em quatro estágios: sensório-motor, pré-operacional (pré-operatório), operatório concreto e operatório formal.

Conheceremos mais sobre esses estágios na Unidade 2.

A teoria de Piaget, em sua essência, é uma teoria do desenvolvimento humano, com ênfase na gênese (ou desenvolvimento) do conhecimento, o que Piaget chamou de epistemologia genética. No entanto, é também uma teoria de aprendizagem, em que:

- a aquisição do conhecimento é um processo desenvolvimentista que ocorre de forma gradual por meio da interação da criança com o ambiente;

- a representação do mundo pelas crianças ocorre de acordo com o seu estágio de desenvolvimento, que é definido pelas estruturas de pensamento que elas possuem na ocasião;
- maturação, experiência ativa, equilibração e interação social são forças que moldam a aprendizagem.

Esses conceitos contribuem para a formação do docente, mostrando a eles que é necessário:

- estimular a atividade natural do indivíduo, respeitando as características de cada etapa de desenvolvimento;
- propor situações-problema que estimulem a reflexão e a descoberta, contribuindo para ampliar seus esquemas mentais de pensamento;
- utilizar métodos ativos de aprendizagem que ativem os esquemas mentais, estimulem o pensamento e ampliem as estruturas cognitivas;
- disponibilizar materiais diversos em sala de aula, para que os alunos possam manipulá-los, tendo em vista a resolução de problemas e o exercício das operações concretas;
- utilizar o jogo como recurso para a aprendizagem, pois esse tipo de atividade envolve as crianças, mantendo-as concentradas e motivadas a trabalharem mais intensamente;
- estimular a interação verbal entre os alunos para que eles aprendam a expor sua opinião com clareza e precisão e desenvolvam seu pensamento crítico;
- proporcionar o trabalho em grupo, estimulando a troca de ideias e a cooperação;
- observar os alunos em suas atividades, prestando atenção na forma como agem e ouvindo suas opiniões, contribuindo para a sua aprendizagem, sempre que necessário.

A teoria de Piaget é a base do **construtivismo** interacionista. Sua ideia central é de que as estruturas mentais (cognitivas e afetivas) são construídas ou formadas ao longo do desenvolvimento, a partir da interação do indivíduo com o meio.

PARA SABER MAIS! Conheça um pouco mais da obra de Piaget em seus depoimentos, nos vídeos Piaget on Piaget, disponíveis no Youtube®:

Parte 1: Disponível em: <https://www.youtube.com/watch?v=I1JWr4G8YLM>.
Parte 2: Disponível em: <https://www.youtube.com/watch?v=Qb4TPj1pxzQ>.
Parte 3: Disponível em: <https://www.youtube.com/watch?v=x9nSC_Xgabc>.
Parte 4: Disponível em: <https://www.youtube.com/watch?v=cVSaEHhOEZY>.

Acessos em: 20 jan. 2015.

Além de Piaget, temos outros estudiosos relevantes no contexto construtivista, como o psicólogo estadunidense Jerome Bruner (1915), o psicólogo russo Lev Vygotsky (1896-1934), o filósofo, médico e psicólogo francês Henri Wallon (1879-1962) e o psicólogo David Ausubel (1918-2008).

O construtivismo bruneriano considera o aprendizado um processo ativo, com base nos conhecimentos prévios e nos conhecimentos que vão sendo adquiridos pelo aprendiz.

Os novos conceitos são transformados pelo aprendiz, que infere hipóteses e toma decisões com base no que está sendo aprendido.

O aprendiz participa ativamente do processo de aquisição de conhecimento e o ensino deve estar relacionado a contextos e experiências pessoais.

Bruner desenvolveu uma teoria sobre o ensino e, com base nas concepções sobre o processo de aprendizagem, sistematizou o processo de organização dos conteúdos de maneira eficiente e significativa. Ressaltou que o educador deve estar atento não apenas à extensão do conteúdo a ser abordado, mas, sobretudo, à sua estrutura.

Bruner era um grande incentivador do método pela descoberta e o considerava básico para o trabalho educacional, pois contribui para o desenvolvimento de uma atitude de investigação no aluno. Com base nesse método, o aluno investiga, faz perguntas, experimenta e descobre.

O ensino deve estar voltado para a compreensão das relações entre os fatos e as ideias, que é a maneira de garantir a transferência do conteúdo aprendido para novas situações.

Outro ponto relevante da teoria desenvolvida por Bruner é a necessidade de garantir o currículo em espiral, que oferece ao aprendiz a oportunidade de realizar a revisão de tópicos em diferentes níveis de profundidade. Assim, qualquer conteúdo pode ser ensinado, pelo menos em sua forma mais simples, a alunos de todas as idades, uma vez que os mesmos tópicos serão, posteriormente, retomados e aprofundados.

> *ATENÇÃO! No método pela descoberta, é papel do educador manter três fatores no processo de exploração de alternativas: ativação (dá início ao processo, à curiosidade), manutenção (mantém o aluno no processo) e direção (evita que o processo se torne caótico).*

Vygotsky, com seus estudos, deu origem à corrente educacional conhecida como socioconstrutivismo ou sociointeracionismo. Essa corrente destaca que o processo de aprendizagem está mais ligado às relações sociais estabelecidas pela pessoa do que a questões biológicas, contrapondo-se aos estudos de Piaget, que abordou, sobretudo, o nível individual da aprendizagem.

Vygotsky rejeitava o inatismo, que afirma que o indivíduo já nasce com o conhecimento potencial. Também rejeitava o comportamentalismo e o empirismo, os quais pregam que o desenvolvimento de uma pessoa ocorre a partir da escolha de estímulos adequados.

Para ele, a pessoa se desenvolve de acordo com a relação com o outro e com o meio, que acontece por intermédio de uma ferramenta ou de um símbolo. Um exemplo de estrutura simbólica de mediação é a linguagem.

A relação entre estímulo, resposta e comportamento deixa de ser linear, conforme o comportamentalismo, e se torna triangular, na qual um pode influenciar o outro, como o diagrama a seguir:

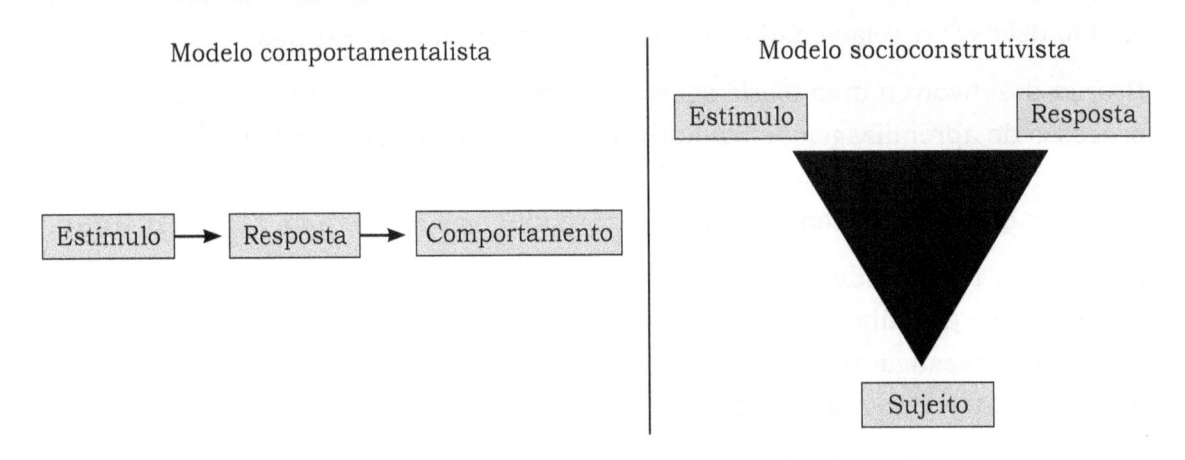

Modelo comportamentalista	Modelo socioconstrutivista
Estímulo → Resposta → Comportamento	Estímulo — Resposta — Sujeito (triângulo)

Cabe ao educador estimular interações entre as pessoas e delas com o ambiente para que ocorra o desenvolvimento intelectual.

Um dos conceitos mais conhecidos de Vygostky é o da zona de desenvolvimento proximal, que corresponde a tudo o que uma pessoa é capaz de aprender se houver condições educacionais. A zona de desenvolvimento proximal está entre a zona de desenvolvimento real, na qual a pessoa consegue realizar atividades sozinha, e a zona de desenvolvimento potencial, na qual a pessoa não consegue desenvolver a atividade sozinha, mas é capaz de aprender. Os educadores trabalham, portanto, na zona de desenvolvimento proximal.

A tarefa dos educadores é proporcionar oportunidade para que os aprendizes participem de atividades relativas à zona de desenvolvimento proximal, isto é, aquela em que as atividades não sejam tão fáceis para serem realizadas sem esforço nem tão difíceis a ponto de não conseguirem realizá-las, mesmo com ajuda.

> *ATENÇÃO! O educador deve compreender o que o aluno já sabe (zona de desenvolvimento real) e onde ele precisa chegar (zona de desenvolvimento potencial), inserindo o conteúdo de sua disciplina dentro da zona de desenvolvimento proximal, tornando-se, assim, um mediador do processo de aprendizagem.*

Outra questão fundamental para Vygotsky é a relação entre pensamento e linguagem. Segundo ele, a palavra, ou seja, a aquisição de um sistema linguístico, dá forma ao pensamento, modificando suas funções psicológicas: percepção, atenção, memória, capacidade de solucionar problemas e planejamento da ação.

A linguagem sistematiza a experiência direta das crianças e por meio dela são estabelecidas as relações sociais.

Quanto à aprendizagem, podem-se citar os seguintes pontos ressaltados pelo sociointeracionismo de Vygotsky:

- a inserção social é muito importante, pois o indivíduo aprende o que seu grupo produz;

- o conhecimento surge primeiro no grupo, para só depois ser interiorizado;

- a aprendizagem ocorre no relacionamento do aluno com o professor e com os outros alunos.

Além de Vygotsky, a corrente sociointeracionista contou com outro teórico: Henri Wallon (1879-1962).

Wallon acreditava na formação integral (intelectual, afetiva e social) e isso causou uma verdadeira revolução no ensino quando apresentada.

Ele considerava o ser humano geneticamente social, não dissociava o biológico do social e afirmou que a pessoa se constitui em suas interações com o meio. E é na interação com o meio que a criança constitui a sua individualidade.

Foi o primeiro a considerar as emoções das crianças no processo de ensino e aprendizagem. Para ele, as emoções são essenciais no desenvolvimento da pessoa e é por meio delas que o aluno exterioriza seus desejos e suas vontades.

Fundamentava suas ideias em quatro elementos básicos que se comunicam entre si a todo o momento: a afetividade, o movimento, a inteligência e a formação do eu como pessoa.

A psicologia e a pedagogia, segundo Wallon, devem ser estudadas como ciências complementares, isso significa que a prática educativa é um campo para os estudos psicológicos e a pesquisa psicológica é muito útil para o processo educacional.

Assim como Piaget, Wallon propôs estágios de desenvolvimento. No entanto, segundo ele, a passagem dos estágios de desenvolvimento não se dá linearmente. O ritmo em que uma etapa sucede a outra é descontínuo, marcado por rupturas e crises, e cada etapa provoca profundas mudanças nas posteriores.

Os estágios do desenvolvimento psicomotor de Wallon são:

- Estágio impulsivo-emocional (0 a 1 ano): indiferenciação da criança e do outro, as emoções intermediam sua relação com o mundo.

- Etapa sensório-motora e projetiva (1 a 3 anos): consciência de si e identificação da sua imagem e do seu nome, predominando atividades de investigação, exploração e conhecimento do mundo social e físico.

- Estágio do personalismo (3 a 6 anos): maior autonomia, domínio do espaço físico, auxiliado pela representação.

- Etapa categorial (dos 6 anos até a adolescência): maior domínio do universo simbólico, fato que permite que a criança se dirija a objetos não necessariamente presentes, sendo capaz de pensar sobre eles e operá-los.

- Fase da adolescência: o jovem volta-se a questões pessoais e morais; há o predomínio da afetividade.

Com relação à prática educativa, é importante citar que a teoria walloniana contribuiu para a consideração da criança como um ser completo, e, desse modo, as intervenções pedagógicas devem levar em conta os aspectos intelectuais, afetivo e motores de modo integrado, sem privilegiar nenhum deles.

> *ATENÇÃO! Wallon dizia que reprovar é sinônimo de expulsar, negar, excluir. Afirmava que a reprovação era a própria negação do ensino.*

> *PARA SABER MAIS! A Coleção Grandes Educadores dedicou um filme a Henri Wallon. Assista em: <https://www.youtube.com/watch?v=fp3ThHIuxME>. Acesso em: 20 jan. 2015.*

Outro teórico do construtivismo é Ausubel. Ele investigou os vários tipos de aprendizagem e deu especial ênfase à aprendizagem por descoberta, na qual a motivação e a possibilidade de escolha dos alunos desempenham um papel fundamental. Também investigou a aprendizagem significativa, cujo conceito o tornou famoso.

Para Ausubel, quanto mais se sabe, mais se aprende, e aprender, significativamente, é ampliar e reconfigurar ideias já existentes na estrutura mental, o que possibilita o indivíduo relacionar e acessar novos conteúdos. Ao aprender, estamos modificando nossas estruturas cognitivas, e não simplesmente acrescentando novos conceitos.

A teoria de Ausubel ressalta a importância da história do sujeito e o papel dos professores na proposição de situações que favoreçam a aprendizagem.

O professor deve considerar o desafio diário de tornar a escola um ambiente motivador, e, para isso, suas aulas devem possibilitar a reflexão e a negociação de significados de forma dinâmica e natural.

Dessa forma, é possível diminuir o fracasso escolar, já que este não pode ser creditado apenas à falta de disposição do aluno em aprender. Suas causas são variadas e o contexto é um aspecto importante a ser considerado.

A psicologia humanista foi desenvolvida na metade do século XX com foco no estudo da personalidade. Freud, Rogers e Maslow são alguns dos estudiosos que acreditam que a aprendizagem está centrada no desenvolvimento da pessoa.

Vamos conhecer cada um deles:

O médico neurologista, Sigmund Freud (1856-1939) analisou a consciência humana, que considerava limitada e inadequada. Segundo ele, a mente humana pode ser comparada a um *iceberg*, onde a pequena parte visível é o consciente e a

Sigmund Freud.

parte maior, submersa, representa o **inconsciente**. É no inconsciente que residem os impulsos, os sentimentos reprimidos e as forças vitais que controlam os pensamentos e as atitudes das pessoas e que, por isso, são a chave para conhecê-las.

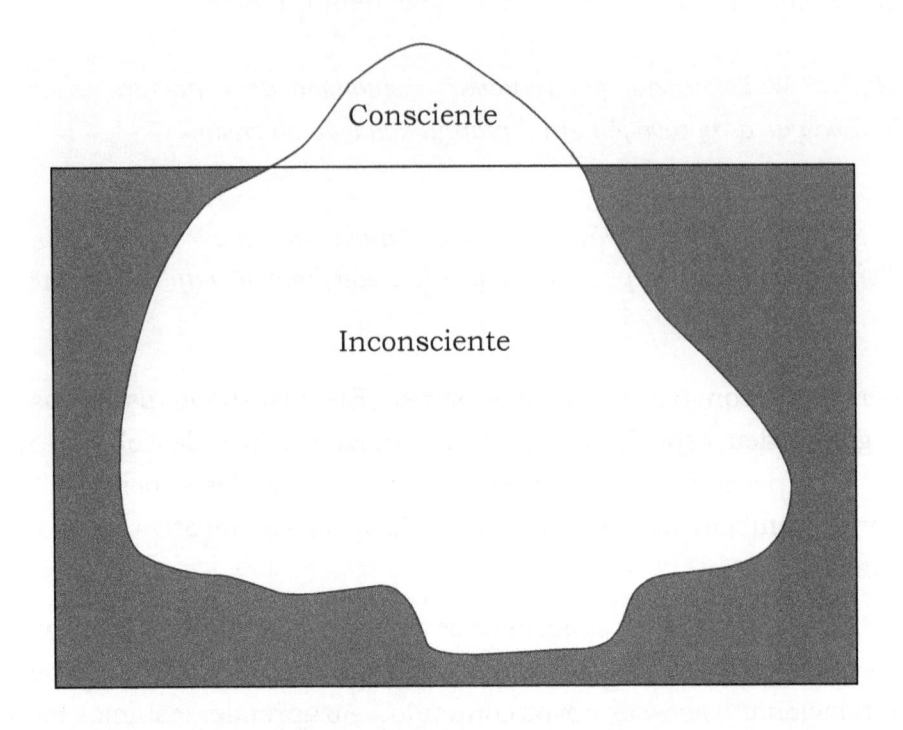

A teoria desenvolvida por Freud é a psicanálise, cuja principal função é pesquisar a mente humana, buscando a raiz para determinado problema, além de estudar os processos mentais inconscientes.

Em psicanálise, para que haja aprendizagem é necessário considerar as características do aluno e suas condições de vida, na fase de desenvolvimento em que atua.

Além da aprendizagem, a psicanálise está atenta a outro processo que se relaciona com a prática educativa: o desenvolvimento humano.

Para essa teoria, esses dois processos (aprendizagem e desenvolvimento humano) interagem na atividade escolar e precisam ser considerados para qualificar os alunos que frequentam as escolas.

Um dos objetivos da educação é ensinar a criança a dominar as suas pulsões, já que é impossível ter liberdade para pôr em prática todos os seus impulsos. São tarefas educativas: proibir, inibir e suprimir os impulsos das crianças, para que elas aprendam a controlá-los.

Outro ponto relevante na psicanálise é compreender as questões subjetivas que envolvem a relação professor-aluno.

Um dos conceitos utilizados na abordagem dessa relação é o conceito de transferência, que está relacionado nas relações com os pais e, no momento da ligação emocional desenvolvida pelo paciente com o analista, ela se instala novamente. Esse tipo de relação cria impasses na terapia cuja solução é o ponto-chave para o sucesso do processo terapêutico. No contexto educacional, a transferência ocorre na relação aluno-professor.

Assim, um professor que conhece o conceito de transferência pode compreender melhor as atitudes agressivas ou excessivamente amorosas de um aluno para com ele. O professor que sabe lidar com essas questões facilita o caminho da aprendizagem; aquele que não sabe corre o risco de bloquear esse caminho, podendo causar na criança medo ou ódio dele e, consequentemente, do conhecimento que ele está transmitindo.

Outro conceito aplicável em educação é o da projeção, que pode ser descrito como algo indesejável de si que a pessoa projeta no mundo externo sem ter esse tipo de percepção.

A influência da psicanálise no pensamento educacional não ocorreu por meio da aplicação direta dos conceitos apresentados, mas pelo estudo do desenvolvimento humano, das forças interiores e das inter-relações dos seres humanos.

> *PARA SABER MAIS! Recomendamos dois filmes que abordaram a vida e o trabalho de Freud.*
>
> ** Freud além da alma (1962) – filme de John Huston, baseado em roteiro de Jean-Paul Sartre, que mostra como as teorias freudianas estão presentes em sua própria vida. Abrange o período da sua graduação em Medicina até o desenvolvimento das primeiras teorias psicanalíticas.*
>
> ** Um método perigoso (2012) – filme de David Cronenberg, que mostra como a relação entre Carl Jung (Michael Fassbender) e Sigmund Freud (Viggo Mortensen) faz nascer a psicanálise.*
>
> *Além desses, vale a pena assistir a um documentário sobre Freud que está disponível na internet: Sigmund Freud – A Invenção da Psicanálise (1997). Disponível em: <https://www.youtube.com/watch?v=Yz96qUO4QRQ>. Acesso em: 20 jan. 2015.*

Carl Rogers (1902-1987), psicólogo estadunidense, foi quem desenvolveu a abordagem centrada na pessoa, baseada na corrente humanista da psicologia e que privilegia a experiência da pessoa, a autonomia, o direito de escolher qual direção deve dar ao seu comportamento e as responsabilidades advindas dessa escolha.

A abordagem centrada na pessoa é a base para a aprendizagem centrada no aluno, modelo educativo em que o aluno é o centro do processo (e não mais o professor).

Os princípios fundamentais da aprendizagem centrada no aluno são:

1. O ser humano possui uma potencialidade natural para a aprendizagem.
2. O professor não ensina, apenas facilita a aprendizagem para o aluno, que é o construtor do seu conhecimento.
3. O aluno aprende o que percebe ser importante para ele, ou seja, o que tem significado para a sua vida. Daí a importância da aprendizagem significativa.
4. O aluno resiste à aprendizagem, a qual suscita mudanças ameaçadoras na percepção do ***self***.
5. Quando a ameaça externa ao *self* é reduzida ao mínimo, a apreensão e a assimilação da aprendizagem são melhores.
6. A maioria das aprendizagens significativas é adquirida pela pessoa em ação, ou seja, pela sua experiência.
7. A aprendizagem qualitativa só acontece quando a participação do aluno no processo ocorre de forma responsável.
8. A aprendizagem que envolve as dimensões afetiva e intelectual é mais duradoura e sólida.
9. É preciso facilitar a autocrítica e a autoavaliação do aluno para que a avaliação escolar realizada pelos professores se torne secundária, possibilitando a criatividade, a autorrealização e a independência do aluno.
10. O professor deve ser autêntico na relação com os alunos para que a aprendizagem se concretize de forma plena.
11. Aprender a aprender é mais importante do que aprender os conteúdos. O professor deve despertar a curiosidade nos alunos.

Para Rogers, o professor é um facilitador da aprendizagem. E, para isso, ele precisa estar seguro do seu papel e acreditar no potencial dos seus alunos.

Um facilitador da aprendizagem deve:

- ser autêntico e não representar um papel, como se fosse um ator;
- aceitar e confiar em seu aluno, sem julgá-lo;
- compreender empaticamente o aluno, ou seja, compreender internamente as reações do estudante.

O processo de aprendizagem é dinâmico e exige concentração, interesse, empenho e motivação, e por essa razão é importante que as relações de cooperação e participação entre professor e alunos estejam presentes.

Abraham Maslow (1908-1970), psicólogo estadunidense, propôs a teoria da hierarquia de necessidades em 1940, partindo da ideia de que as pessoas buscam satisfazer necessidades específicas para as quais direcionam seus esforços.

Cada necessidade humana influencia na motivação e na realização do indivíduo e o faz prosseguir para outras necessidades que marcam uma pirâmide hierárquica:

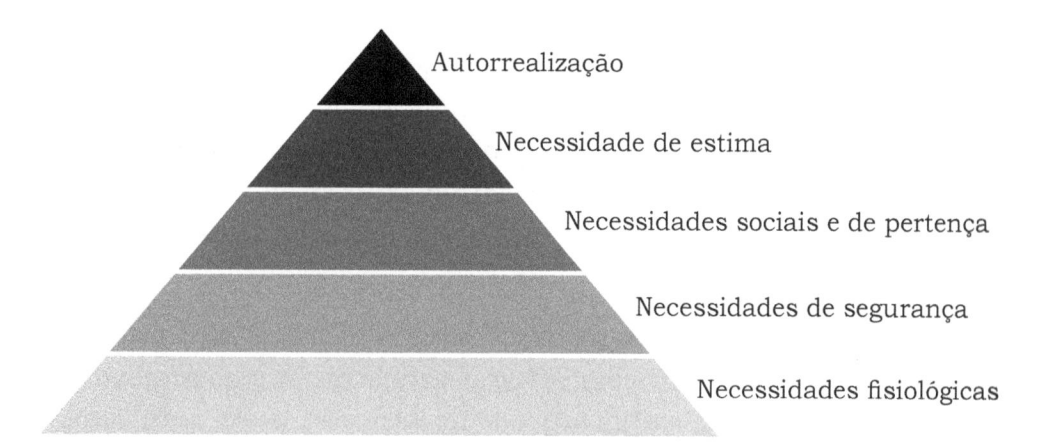

- Autorrealização
- Necessidade de estima
- Necessidades sociais e de pertença
- Necessidades de segurança
- Necessidades fisiológicas

- necessidades fisiológicas: são necessidades básicas relacionadas ao organismo como alimentação, sono, abrigo, água e outros.

- necessidades de segurança: tratam da sensação de liberdade física, sem medos ou receios, como proteção contra a violência, proteção para a saúde, recursos financeiros e outros.

- necessidades sociais: abordam a integração em um grupo social, como amizades, socialização, aceitação em novos grupos, intimidade sexual e outros.

- necessidades de estima: tratam do sentimento de pertencimento e aceitação, como reconhecimento, conquista, respeito dos outros, confiança.

- autorrealização: trata da superação dos limites da pessoa com o reconhecimento do grupo como moralidade, criatividade, espontaneidade, autodesenvolvimento, prestígio.

Como será que a teoria de Maslow pode ser relevante para a aprendizagem?

A resposta é: contribuindo para que o professor compreenda que uma criança sem acesso a uma alimentação adequada não tem sua necessidade fisiológica suprida e, assim, não aprende tanto quanto poderia caso sua necessidade fisiológica estivesse saciada. Isso acontece porque a maior motivação dela nesse momento é suprir uma necessidade básica (alimentação).

A psicologia da aprendizagem e suas teorias não se restringem ao que foi apresentado até aqui. Além dos autores já citados, destacam-se outros e, dentre eles, Emília Ferreiro e Howard Gardner, cujos estudos serão brevemente apresentados.

Emília Ferreiro (1936), psicóloga e psicolinguista argentina, trabalhou com Piaget e estudou o que chamou de psicogênese da língua escrita, título de livro que publicou posteriormente.

Ela acredita que as crianças têm um papel ativo na construção do conhecimento e no aprendizado, princípio básico do construtivismo.

Seus estudos se concentram, principalmente, nos aspectos relacionados à alfabetização e sua crítica recai sobre a alfabetização tradicional, especialmente porque considera a prontidão da criança no que diz respeito ao aprendizado da leitura e da escrita apenas por meio de avaliações de percepção e de motricidade.

Uma das contribuições de Emília Ferreiro é a orientação para que não sejam utilizadas cartilhas com palavras artificiais, fora do contexto da criança e da atualidade. Para ela, devem ser utilizados textos atuais, como reportagens de jornais e revistas.

Também declara que não deve ser dado peso excessivo à forma da escrita, por exemplo, se a letra está feia ou bonita. É preciso dar atenção às características conceituais na aprendizagem da escrita, a fim de compreender a natureza da escrita e sua organização.

A teoria proposta por Emília Ferreiro apresenta quatro fases no desenvolvimento da criança até ela estar totalmente alfabetizada:

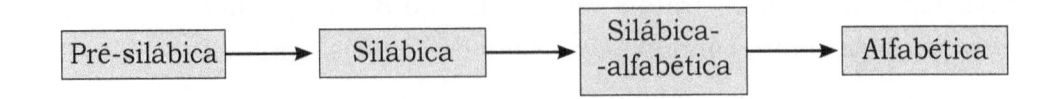

Pré-silábica → Silábica → Silábica-alfabética → Alfabética

1. Pré-silábica: não relaciona as letras com os sons da língua falada.
2. Silábica: interpreta a letra à sua maneira, atribuindo valor de sílaba a cada uma.
3. Silábico-alfabética: mistura a lógica da fase anterior com a identificação de algumas sílabas.
4. Alfabética: domina as letras e as palavras.

Segundo a autora, as crianças chegam à escola sabendo vários conceitos e informações sobre a sua língua, de modo que é preciso avaliá-los para determinar estratégias para sua alfabetização. Cabe ao professor organizar atividades que favoreçam a reflexão sobre a escrita, já que a aprendizagem da escrita não ocorre de forma espontânea.

Howard Gardner (1943), psicólogo estadunidense e construtivista, é o responsável pela teoria das inteligências múltiplas, e afirma que cada indivíduo possui diversos tipos de inteligência, que podem ser definidos como dom, competência ou habilidade.

Para ele, inteligência é a capacidade de resolver problemas ou elaborar produtos valorizados em um ambiente cultural ou comunitário.

Foram identificadas, inicialmente, nove inteligências: lógico-matemática, linguística, espacial, musical, cinestésica, interpessoal, intrapessoal, natural e existencial.

Vamos conhecer cada uma delas:

Inteligência	Descrição
Lógico-matemática	Capacidade de realizar operações numéricas e de fazer deduções.
Linguística	Habilidade de aprender idiomas, de articular bem as palavras e de usar a fala e a escrita para atingir objetivos.
Espacial	Capacidade de entender facilmente as formas dos objetos e descrevê-las, localizar-se em lugares desconhecidos, interpretar mapas e diagramas.
Musical	Aptidão para tocar, apreciar e compor padrões musicais.
Cinestésica	Potencial para usar o corpo com o fim de resolver problemas ou fabricar produtos.
Interpessoal	Capacidade de entender as intenções e os desejos dos outros e, consequentemente, de se relacionar bem em sociedade.
Intrapessoal	Inclinação para se conhecer e usar o entendimento de si mesmo para alcançar certos fins.
Natural	Capacidade de reconhecer e classificar espécies da natureza.
Existencial	Capacidade de refletir sobre questões fundamentais da vida humana.

Para Gardner, cada indivíduo nasce com um vasto potencial de talentos ainda não moldado pela cultura, o que só começa a ocorrer por volta dos cinco anos.

Cada um tem o seu jeito de aprender: uns preferem ler, outros preferem utilizar materiais visuais, outros preferem ouvir, discutir etc., e tudo isso deve ser considerado no processo de ensino-aprendizagem.

PARA SABER MAIS! As teorias de aprendizagem apresentadas nesta unidade, bem como outras teorias, são apresentadas e explicadas no livro Teorias da Aprendizagem, *de Guy R. Lefrançois, publicado pela Cengage Learning, em 2013.*

Foi apresentado um leque de teorias de aprendizagem que trazem várias possibilidades para a prática docente, apontando para o fato de que não existe escola nem ensino ideal.

Cabe ao profissional em educação ou em psicologia exercer sua flexibilidade e refletir sobre o conteúdo estudado de modo a aplicar o que estiver mais de acordo com o que acredita e com a sua prática.

Glossário – Unidade 1

Angústia – sensação psicológica que está diante de um acontecimento, uma circunstância, ou ocorre por lembranças traumáticas, caracterizando-se por sufocamento, peito apertado, ansiedade, insegurança, falta de humor e ressentimentos aliados a alguma dor.

Ansiedade – fenômeno que pode beneficiar ou prejudicar uma pessoa, dependendo das circunstâncias ou intensidade, podendo, inclusive, tornar-se patológico, isto é, prejudicial ao funcionamento psíquico (mental) e somático (corporal). Pode estimular a pessoa a entrar em ação, porém, em excesso, faz exatamente o contrário, impedindo reações.

Estruturas cognitivas – estruturas relacionadas ao processo de aquisição do conhecimento e que envolvem fatores diversos, como o pensamento, a linguagem, a percepção, a memória, o raciocínio etc., que fazem parte do desenvolvimento intelectual.

Consciente – conceito dado por Freud para uma pequena parte da mente, incluindo tudo do que estamos cientes em dado momento.

Construtivismo – método que procura instigar a curiosidade no aprendiz, estimulando-o a encontrar as respostas com base em seus próprios conhecimentos e em sua interação com o ambiente e com os colegas.

Evasão – abandono da escola pelo aluno.

Inconsciente – atividade do nosso cérebro que está fora do domínio racional.

Latente – aquilo que está encoberto, que não está aparente. No sentido figurado, pode significar aquilo que está disfarçado, dissimulado ou fingido.

Maturação sexual – mudanças biológicas desencadeadas por estímulos hormonais ocorridas na puberdade.

Neurose – qualquer desequilíbrio mental que cause angústia e ansiedade, mas não impeça ou afete o pensamento racional.

Positivista – concepção baseada no positivismo, uma doutrina de característica sociológica, filosófica e política. Consiste na observação dos fenômenos, opondo-se ao racionalismo e ao idealismo, a partir da promoção da experiência sensível. Nega à ciência qualquer possibilidade de investigação das causas dos fenômenos naturais e sociais, pois considera esse tipo de pesquisa inacessível e sem utilidade, sendo mais válido se voltar para o estudo e descoberta das leis.

Psicose – estado mental patológico caracterizado pela perda de contato do indivíduo com a realidade, passando a apresentar comportamento antissocial.

Self – aquilo que define a pessoa na sua individualidade e subjetividade, isto é, a sua essência. O termo *self*, em português, pode ser traduzido por "si" ou por "eu", mas a tradução portuguesa é pouco usada em termos psicológicos.

Subconsciente – zona intermediária entre o que é consciente e o inconsciente. Aquilo que pensamos e logo arquivamos, ficando gravado em nossa mente, como uma lembrança.

UNIDADE 2
O PROCESSO DE APRENDER

Capítulo 1 Como o ser humano aprende, 38

Glossário, 56

1. Como o ser humano aprende

Independentemente da teoria da aprendizagem em que se acredita, podemos refletir sobre o que é aprender e como ocorre a aprendizagem nos seres humanos.

Veja alguns exemplos de situações de aprendizagem:

Exemplo 1

Cecília está estudando corte e costura e o desafio da última aula foi coser uma calça comprida. Tarefa não muito fácil! Ela prestou bastante atenção na explicação da professora, estudou o capítulo sobre o assunto e fez o primeiro molde. Após algumas tentativas, costura uma calça muito bonita que "caiu como uma luva" na sua irmã, recebendo muitos elogios de sua professora.

Exemplo 2

A mãe de Jurema é costureira e desde pequena ela observa os mais variados tipos de roupa sendo trabalhados. Certo dia ficou curiosa e resolveu costurar também. Foi experimentando a máquina de costura e outros instrumentos de trabalho de sua mãe, até que finalmente conseguiu fazer sua primeira peça. A roupa mais recente que fez foi uma calça comprida que ficou muito bem no corpo de sua mãe. Jurema agora também é costureira e trabalha com a mãe, que dobrou a clientela!

Exemplo 3

Sandro nasceu no interior do estado e foi para a capital estudar enfermagem, pois sonhava em ser enfermeiro no hospital de sua cidade. A adaptação à cidade grande foi muito difícil, principalmente em relação às questões culturais. No início, ele chegou a sofrer *bullying* dos seus colegas por não falar direito as palavras: não empregava corretamente concordância verbal, errava nos plurais e em outras regras do nosso idioma. O estudo teve que ser dobrado: conteúdos de enfermagem, além de regras gramaticais. Mas ele venceu e hoje é um conceituado enfermeiro que dá palestras em várias cidades.

Como vimos, em todas as situações houve aprendizagem, mas com algumas características diferentes no processo de aprender:

1. O processo de aprender ocorre a partir do processo de perceber, de analisar, de comparar, de testar, de repetir, de descobrir, entre outros.

2. A motivação para aprender pode ser espontânea como a de Jurema (curiosidade), ou induzida, como aconteceu com Cecília, com base no desafio proposto pela professora.

3. Em todas as situações o aprendiz teve uma necessidade e um objetivo.

4. Para atingir o seu objetivo, o aprendiz muitas vezes enfrenta barreiras e as supera a partir de sua dedicação e preparação, estudando, lendo, testando, fazendo exercícios, pesquisando, praticando, repetindo ações etc.

5. A recompensa da aprendizagem pode ser intrínseca ou extrínseca. Uma recompensa intrínseca é o fato de aprender, como no caso de Jurema; já os elogios da professora configuram uma recompensa extrínseca.

6. A aprendizagem não é somente mudança cognitiva. Sentimentos de curiosidade, entusiasmo, tensão, obstinação, frustração e outros também estão presentes no processo de aprender.

7. A aprendizagem abrange vários aspectos importantes:
   - um novo conhecimento que é fixado na memória;
   - habilidades e aspectos motores;
   - confiança na própria capacidade de aprender;
   - controle das emoções que contribuem para a aprendizagem.

8. O processo de aprender é integrado e envolve a pessoa de maneira orgânica, ou seja, como um todo: intelecto, **afetividade**, sistema muscular.

9. O resultado da aprendizagem é mantido ou repetido quando é recompensado, valorizado ou reforçado.

10. Existem diferenças individuais que contribuem para que o processo e o resultado da aprendizagem sejam individualizados e diversos. As questões culturais e ambientais resultam na facilidade ou na dificuldade em aprender.
11. Compreender o processo de aprendizagem é extremamente importante para o professor, pois será com base nessa compreensão que ele saberá como ensinar.

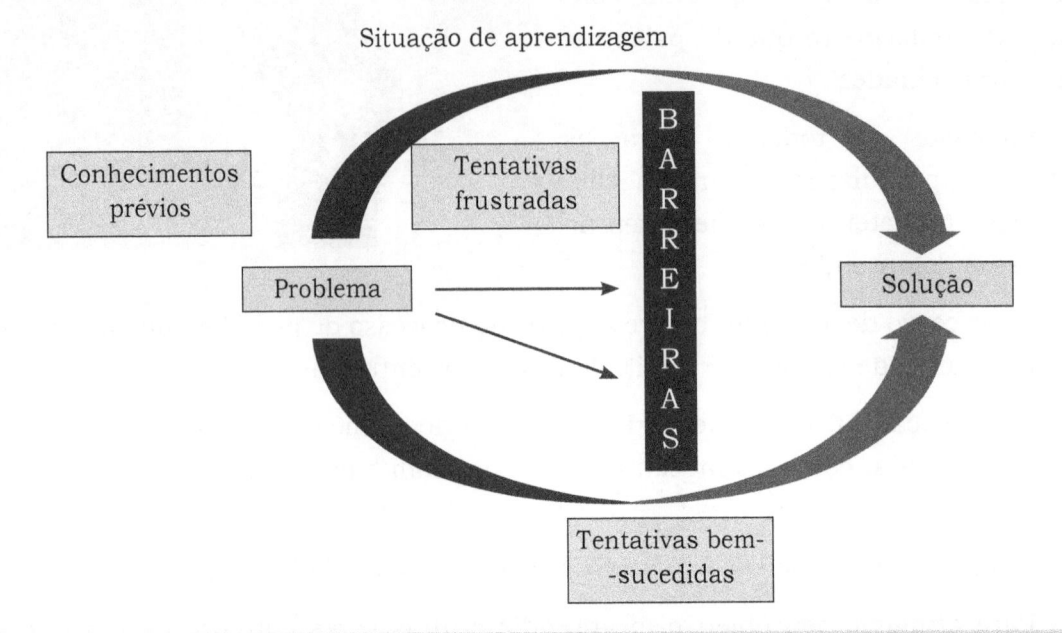

Situação de aprendizagem

Conhecimentos prévios — Tentativas frustradas — BARREIRAS — Solução
Problema
Tentativas bem-sucedidas

> **PARA SABER MAIS!** Assistam ao filme francês Entre os muros da escola, produzido em 2007, que conta a história de um professor que leciona em uma escola de ensino médio. Ele e seus colegas se esforçam para os alunos aprenderem os conteúdos ensinados, tendo que lidar com conflitos étnicos e culturais: as classes têm alunos franceses e imigrantes das ex-colônias da França na África.

Há duas vertentes do entendimento sobre como as pessoas aprendem: o empirismo e o inatismo. O inatismo acredita que as pessoas já nascem com determinados potenciais que precisam ser desenvolvidos. O empirismo, por sua vez, acredita que todo conhecimento é resultado de um conjunto de experiências. Sendo assim, todos têm condições de construir qualquer tipo de conhecimento, desde que o ambiente proporcione estímulos necessários para tal construção.

Mas quais são os ambientes nos quais as pessoas aprendem atualmente? São principalmente as salas de aula presenciais que encontramos nas escolas?

Se essa pergunta fosse feita há alguns anos, talvez a resposta fosse "sim".

No entanto, atualmente, há outros ambientes de aprendizagem, por exemplo, os ambientes virtuais LMS (*Learning Management System* – Sistema de Gerenciamento de Aprendizagem), sites que possibilitam a publicação de conteúdos, atividades e a discussão em comunidades virtuais de aprendizagem. Há também eventos como *workshops*, grupos de estudo, seminários e outros.

Muitos ambientes possibilitam a aprendizagem colaborativa e a aprendizagem em rede, conceitos atuais relacionados ao processo de aprender.

Na aprendizagem colaborativa não existe uma pessoa que detém o conhecimento e o transmite para os demais, que atuam como receptores passivos. Nela, ao contrário, é valorizado o conhecimento de todas as pessoas, que o compartilham para que haja uma troca e uma construção coletiva. O processo de aprendizagem é fundamentado em uma relação de confiança e de respeito entre todos os envolvidos.

A aprendizagem colaborativa pode ser mediada, mas não é orientada. O conhecimento flui na relação de colaboração a partir de estímulos que podem ser propostos pelo mediador/tutor.

Aprender em rede não é uma novidade: há muito tempo as pessoas se reúnem para construir um conhecimento significativo para a coletividade. O que aconteceu recentemente foi a utilização desse termo para designar a aprendizagem por meio da interação entre as pessoas, facilitada pelos recursos da rede mundial de computadores, a internet. Por isso, aprender em rede e aprender de forma colaborativa são conceitos que se confundem.

*ATENÇÃO! Os ambientes de aprendizagem podem ser classificados como formal e informal. A **educação formal** ocorre em ambientes formalizados, como instituições de ensino e salas de aula. A **educação informal**, ocorre nos ambientes em geral, não propriamente educacionais, como casa, clube, reuniões de amigos e outros.*

Mais um conceito que deve ser abordado ao tratarmos do processo de aprender é andragogia, que apresenta os princípios fundamentais da aprendizagem de adultos.

Segundo a andragogia, o processo de aprender dos adultos é caracterizado pela aprendizagem significativa, cooperativa, ativa, compartilhada, interativa e pela atuação do professor como um mediador desse processo.

O conceito de andragogia tem se apresentado como uma alternativa à pedagogia, referindo-se à educação centrada no aprendiz, para pessoas de todas as idades.

Outra questão importante a ser observada ao estudarmos o processo de aprender diz respeito aos domínios de aprendizagem: físico, cognitivo e emocional.

Conheça cada um desses domínios analisando as informações contidas na tabela a seguir:

Tabela 1 – Domínios da aprendizagem

Domínio	Descrição	Tipo de atividade
Físico	Ligado aos sentidos físicos: visão, audição, paladar, tato e olfato. Apesar de utilizarmos todos os sentidos, escolhemos uma forma preferencial de coleta de informações para processar a aprendizagem. Cada um tem um estilo para aprender: visual, auditivo ou tátil-**sinestésico**.	Estilo visual: ler um texto escrito, assistir a um filme ou uma apresentação em PowerPoint. Estilo auditivo: escutar uma apresentação oral, ler em voz alta, conversar sobre o conteúdo. Estilo tátil-sinestésico: executar uma atividade, praticar uma habilidade, desempenhar algum esforço físico.
Cognitivo	Relacionado à forma como uma pessoa pensa. Está centrado no aspecto mental.	Resolução de problemas, ***brainstorming***.

Domínio	Descrição	Tipo de atividade
Emocional	Relacionado à forma como nos sentimos em termos psicológicos (ex.: motivação, persistência, apoio de outros) e fisiológicos (ex.: fome, sede, temperatura, luminosidade).	---

Não podemos refletir sobre o processo de aprender sem conhecer os estudos do psicólogo canadense Albert Bandura (1925), que formulou uma teoria social cognitiva do comportamento humano. Esse conceito, conhecido como teoria da aprendizagem social pela imitação, é também chamado de aprendizagem por observação.

Segundo Bandura, muitas aprendizagens abrangem modelos que são qualquer representação de um padrão de comportamento. Segundo Lefrançois (2013) os modelos podem ser uma pessoa cujo comportamento serve de guia, de cópia ou de inspiração para outra, ou podem ser simbólicos. Os modelos simbólicos são representados por fotos, imagens mentais, filmes, por atores de televisão, por simulações apresentadas por meio de computadores etc.

As pessoas imitam os modelos, daí dizer que a aprendizagem ocorre por meio da observação e da imitação. Primeiro ela observa os modelos, para depois imitá-los.

Os modelos têm caráter informacional, ou seja, informam às pessoas como fazer certas coisas e quais são as consequências de determinados comportamentos.

Para Bandura, quatro processos estão envolvidos na aprendizagem por observação: atenção, retenção, reprodução motora e motivação.

Tabela 2 – Aprendizagem por observação

Processos	Descrição
Atenção	Aprendemos pouco observando comportamentos que não são significativos e que não têm muito valor para nossa vida. Isso acontece porque prestamos pouca atenção a esses casos. Não prestamos muita atenção também em comportamentos que são bastante comuns e não muito nítidos, que ocorrem raramente ou que são complexos e difíceis de desempenhar. Os modelos nos quais prestamos mais atenção são os mais atraentes, valiosos e poderosos: por exemplo, os atletas e os atores, que são formadores de opinião, para os quais a sociedade em que vivemos dá muito valor.
Retenção	A informação é retida após prestarmos atenção em um modelo, ou seja, precisamos ser capazes de lembrar o que foi observado. Estão envolvidos nesse processo dois tipos de representação diferentes: visual e verbal. Devemos ser capazes de verbalizar as etapas envolvidas para darmos partida em um carro ao ensinarmos alguém a dirigir, por exemplo. Por outro lado, um atleta retém o comportamento de um modelo por meio de uma série de imagens visuais, e não por meio de palavras.
Reprodução motora	Ao imitarmos, transformamos ações imaginadas (representadas visual ou verbalmente) em comportamentos concretos. Para desempenhar tais comportamentos, devemos ter certas capacidades motoras e físicas, ou capacidades verbais e intelectuais. Uma imitação bem-sucedida implica monitorar e corrigir o desempenho. Isso é comum no esporte: um técnico pode explicar e demonstrar a melhor técnica para bater um pênalti em um jogo de futebol, mas se o jogador não tiver habilidade para imitar corretamente o modelo (no caso, o técnico), a imitação não será bem-sucedida.
Motivação	Temos que estar motivados para realizar a observação e a imitação. Os motivos são as razões e as causas de comportamento. Por exemplo: um pouco antes de casar, Roseli resolve aprender a cozinhar, atividade para a qual nunca tinha se interessado antes. Ela teve uma importante razão para isso e, a partir dessa razão, começou a prestar atenção quando sua mãe estava cozinhando e aprendeu muito rapidamente a preparar alimentos do dia a dia.

Comportamentos imitativos são muito comuns nas crianças. Elas aprendem a falar, a comportar-se e muitas outras coisas de acordo com os modelos que têm em casa e na escola.

E é por isso que além de estar atento ao estilo de aprendizagem de cada aluno, o educador deve considerar o meio em que os alunos vivem, pois assim poderá entender quais modelos os seus alunos estão seguindo.

Outro fator que deve ser considerado são as fases evolutivas, uma vez que a aprendizagem ocorre de forma diversificada nas diversas fases da vida.

Fases evolutivas

Antes de pensarmos na educação formal, que ocorre nas escolas, temos de ressaltar que a aprendizagem começa em casa. A educação familiar depende do meio em que a criança vive e da confiança que tem em relação aos responsáveis, para experimentar, errar, experimentar novamente, sem que haja repreensão ou crítica.

Quando a criança vai para a escola, ela já teve contato com várias informações e já aprendeu o que a torna apta a participar das atividades escolares, como andar, falar, comer e se vestir. Na escola, ela aprende noções de quantidade, tamanho, aritmética, leitura, escrita e muito mais.

A escola, ao realizar seu projeto educacional, leva em conta a capacidade dos alunos para atingir os objetivos propostos. Para tanto, é necessário que a aprendizagem seja significativa e integrada ao desenvolvimento do indivíduo e da sociedade em que ele está inserido.

Por considerar que aprendizagem e desenvolvimento são processos integrados, alguns estudiosos descreveram estágios de desenvolvimento que são levados em conta no planejamento da aprendizagem. Estudaremos o resultado dos estudos de Freud, Piaget e Erikson em relação à organização do desenvolvimento humano em estágios.

A teoria de Freud descreve fases relacionadas à sexualidade humana, que se desenvolvem entre os primeiros meses de vida e os 5 ou 6 anos, e estão ligadas ao desenvolvimento do Id, que é regido pelo "princípio do prazer" e determina os impulsos voltados para a preservação e a propagação da vida.

Tabela 3 – Fases de desenvolvimento

Fase	Período	Descrição
Oral	Primeiro ano e meio de vida	O prazer advém da sucção. O desejo e o prazer localizam-se na boca e na ingestão de alimentos.
Anal	Do primeiro ano e meio de vida até os três anos	O prazer está relacionado à expulsão, defecação, retenção e até mesmo manipulação de fezes. O controle dos esfíncteres dá a sensação de controle dos impulsos.
Fálica	Três ou quatro anos até a pré-adolescência	O desejo e o prazer localizam-se nos órgãos genitais. Esta fase é difícil, pois é quando afloram os sentimentos edipianos.
Período de latência	Pré-adolescência	Coincide com o início do ensino fundamental. Período de relativa estabilidade, necessária para a aquisição de habilidades, valores e papéis culturalmente aceitos.
Genital	Adolescência	Estabelecimento de uma relação de amor mais altruísta, com o intuito de gerar felicidade para o objeto amado e para si próprio.

Essas fases influenciam a personalidade das crianças por meio de experiências vividas e das repreensões ou repressões que ocorrem ao longo desses períodos.

A compreensão dessas fases possibilita que o educador perceba quando há alguma anormalidade, como a fixação em uma das fases, que pode contribuir para uma dificuldade na aprendizagem. Possibilita, também, que ele entenda certas reações das crianças e não as repreenda por algo que contribui para o seu desenvolvimento.

Enquanto Freud descreveu as fases com ênfase em questões psicossexuais, Piaget abordou o desenvolvimento da criança e do adolescente tomando como base o aspecto mental. Para ele, essa evolução pode ser comparada à construção de um prédio: à medida que se acrescenta algo, fica mais sólido.

Segundo Piaget, o desenvolvimento cognitivo ocorre por meio do desenvolvimento e da transformação de estruturas mentais, denominadas **esquemas**. Os esquemas são representações da realidade e bases duradouras de conhecimento por meio das quais a criança interpreta seu mundo e organiza suas experiências. Tais esquemas são construídos e transformados a partir de dois processos simultâneos: organização interna e adaptação ao meio.

A organização é o processo no qual esquemas existentes são combinados com novos esquemas ou esquemas mais complexos, possibilitando a integração às estruturas físicas e psicológicas em sistemas coerentes.

Como exemplo, podemos pensar que as crianças organizam seus esquemas em estruturas mais complexas e adaptativas: olhar para um objeto, tentar alcançá-lo e por fim agarrá-lo com a mão. Ela reúne esses esquemas não relacionados para pegar uma lata de biscoito em cima da mesinha da sala, elaborando uma estrutura mais complexa: alcançar direcionando visualmente.

A organização interna tem como objetivo promover a adaptação ao meio que possibilita que a pessoa se ajuste de acordo com as demandas do ambiente. Piaget apresenta, então, os estágios cognitivos relacionados ao desenvolvimento da inteligência humana e da forma como as pessoas se tornam autônomas. Vamos estudá-los.

Segundo Piaget, existem quatro diferentes estágios ou períodos do desenvolvimento cognitivo que caracterizam o aparecimento de estruturas variáveis que marcam as diferenças de um para outro nível:

Tabela 4 – Estágios do período cognitivo

Estágio	Período	Descrição
Sensório-motor	0 a 2 anos	Aprendizagem sensorial. A criança constrói o conhecimento a partir de reflexos, coordenações e combinações mentais.
Pré-operacional	2 a 7 anos	Inteligência intuitiva. A criança consegue se perceber separada do mundo ligando-se ao concreto. Há uma sensação de integralidade em que os conhecimentos deixam de ser fatos isolados.
Operacional concreto	7 a 11 anos	Início do pensamento lógico e dos sentimentos morais e sociais de cooperação. A criança começa a perceber que suas ações repercutem no meio em que está inserida.
Operacional formal	11 a 15 anos	Operações intelectuais abstratas, formação da personalidade e da inserção afetiva e intelectual na sociedade dos adultos. Nesta fase, o pensamento retém o conhecimento e, em seguida, desenvolve situações exclusivamente no âmbito mental.

Como vimos, a idade da criança influencia, portanto, o potencial de aprendizagem, e isso gera um impacto direto no processo de ensino.

Por exemplo, ao ensinar as operações matemáticas a crianças de sete anos é necessário valorizar o concreto, já que no período operacional concreto a criança ainda não é capaz de abstrair. O educador deve, portanto, utilizar os **blocos lógicos**, o **ábaco**, o **tangram** e outros materiais concretos em sala de aula.

A formulação de questões também deve considerar este aspecto: em vez de perguntar qual é o resultado da operação 2 + 2, é melhor questionar com quantas laranjas eu fiquei se eu tinha duas laranjas e ganhei mais duas.

> **ATENÇÃO!** Alguns críticos de Piaget acreditam que sua teoria centrou-se demais na questão da aprendizagem no nível individual, valorizando pouco os aspectos sociais.

Algumas teorias surgiram com o intuito de criticar a teoria de Piaget, como o sociointeracionismo, o neonativismo e a teoria das teorias. Verifique o que algumas delas apontam.

Sociointeracionismo

A visão interacionista de Vygotsky nega a existência de estágios de desenvolvimento universais. Segundo ele, as condições ambientais, históricas e familiares determinam as oportunidades para o desenvolvimento de cada indivíduo.

Neonativismo

Essa teoria criticou a teoria infantil de Piaget ao afirmar que as crianças nascem com conhecimento inato sobre o mundo físico. Dessa forma, nega a ideia de Piaget em relação à construção de alguns aspectos do conhecimento em relação ao meio, já que isso faz parte da herança genética da criança. Isso ocorre com o conceito de permanência dos objetos, por exemplo.

Alguns neonativistas afirmam que os bebês, desde os primeiros meses de vida, são seres simbólicos. Alguns autores adeptos dessa teoria são Wynn (1992); Gelman e Williams (1998); Spelke e Newport (1998).

Teoria das teorias

De acordo com Shaffer e Kipp (2012), os teóricos das teorias combinam aspectos do neonativismo com o construtivismo piagetiano. Acreditam que os bebês nascem preparados para algumas classes de informação (sobre a permanência dos objetos e a linguagem, por exemplo), como os neonativistas propõem, mas, ao mesmo tempo, afirmam que esse conhecimento inato é incompleto e requer experiências sólidas para que as crianças sejam capazes de construir a realidade, como foi proposto por Piaget. De acordo com essa teoria, os bebês nascem com algumas ideias sobre como o mundo funciona e as modificam à medida que crescem.

Outro estudioso que acreditava que o desenvolvimento humano pode ser dividido em fases é Erik Erikson (1902-1994). Na teoria eriksoniana, chamada de teoria psicossocial, o desenvolvimento humano é dividido em oito fases, que ocorrem da infância até a fase adulta. Para descrever cada uma dessas fases, ele construiu o diagrama epigenético.

Tabela 5 – Fases do desenvolvimento

Fases	Faixa etária	Crises psicossociais						
8. Velhice	Acima de 60 anos							Integridade X Desespero Virtude social: Sabedoria
7. Fase adulta	35 a 60 anos						Generatividade X Estagnação Virtude social: Cuidado do outro	
6. Juventude	25 a 35 anos					Intimidade X Isolamento Virtude social: Amor		
5. Adolescência	12 a 25 anos				Identidade X Confusão de identidade Virtude social: Socialização			
4. Idade escolar	6 a 12 anos			Produtividade X Inferioridade Virtude social: Competência				
3. Idade do jogo	3 a 6 anos		Iniciativa X Culpa Virtude social: Finalidade					
2. Primeira infância	18 meses a 3 anos	Autonomia X Vergonha Virtude social: Vontade						
1. Primeiro ano de vida	0 a 18 meses	Confiança X Desconfiança Virtude social: Esperança						

Repare como as quatro primeiras fases têm pontos de contato com as apresentadas por Freud – oral, anal, fálica e latência. Erikson acrescentou mais quatro fases, completando o ciclo de desenvolvimento humano. Vamos conhecer um pouco mais cada uma das fases propostas por Erikson.

Primeiro ano de vida

É a fase que corresponde à fase oral de Freud. Nela o centro do prazer está localizado na boca, e a criança incorpora o mundo a si mesma por meio da nutrição e dos sentidos. É uma fase sensorial.

Os sentimentos de confiança e desconfiança estão relacionados à certeza ou incerteza de que suas necessidades vitais serão satisfeitas.

A relação com a mãe levará a criança a ter segurança e confiança em si mesma e no mundo em que vive. Caso a mãe seja ausente, não lhe dando amor, carinho e atenção e não suprindo as suas necessidades, a criança poderá desenvolver sentimentos como medo e desconfiança, que influenciarão suas relações futuras.

A patologia que pode decorrer dessa fase, caso haja algum problema, é o retraimento.

ATENÇÃO! Deve haver um equilíbrio em relação à atenção dada à criança. O excesso de carinho e de cuidado pode acarretar em uma supervalorização da mãe ("Como ela é superior, boa e perfeita!") e a criança pode considerar que nunca conseguirá ser igual a ela, gerando agressividade e desconfiança que, mais tarde, podem se transformar em níveis baixos de competência e persistência.

Primeira infância

Corresponde à fase anal de Freud e nela o prazer está relacionado às funções de eliminação/expulsão ou controle dos produtos pessoais. É uma fase muscular.

A autonomia surge quando a criança percebe que pode controlar sozinha suas funções de eliminação e de retenção.

Nessa fase, há um conflito entre o sentimento de autonomia – caracterizada pela vontade própria, pelos impulsos – e a vergonha de explorar o mundo e o seu corpo, o que a afirmará como indivíduo. Também nessa etapa as crianças querem fazer as coisas sozinhas, fazem birra e querem saber o porquê de tudo.

A criança que é controlada e exigida demais pode não dar conta de tanta exigência e se sentir inferiorizada e ter autoestima baixa. A criança que é pouco exigida, por sua vez, tem a sensação de abandono, o que pode acarretar o surgimento de dúvidas sobre a própria capacidade.

Caso essa fase não transcorra de forma adequada, a criança pode desenvolver compulsões.

> *ATENÇÃO! Nessa fase é preciso que os pais deem o grau certo de autonomia. Cabe a eles explicar carinhosamente o que as crianças podem e o que não podem fazer, para que seus filhos não tenham vergonha de se expressar diante deles.*

Idade do jogo

Essa fase corresponde à fase fálica freudiana, ou seja, o período em que ocorre a descoberta e o interesse pelo prazer localizado nos órgãos genitais.

Nesse período a criança experimenta o movimento corporal (andar, correr, gritar e outros) em busca de maior penetração no espaço físico. Podemos afirmar que é uma fase locomotora.

Assim a criança já sabe o que pode e o que não pode fazer, e brinca de imitar os outros e de assumir diferentes papéis. Ela já planeja suas ações, estabelecendo metas a cumprir, faz mais contatos, aprende a ler e a escrever e faz mais amigos. A patologia que pode decorrer dessa fase é a inibição.

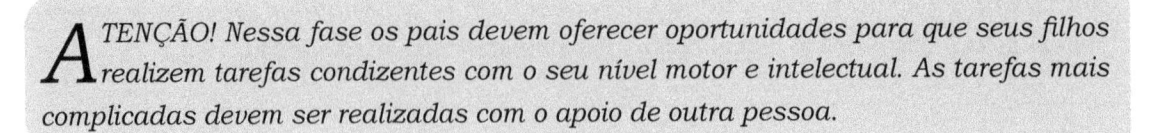

> *ATENÇÃO! Nessa fase os pais devem oferecer oportunidades para que seus filhos realizem tarefas condizentes com o seu nível motor e intelectual. As tarefas mais complicadas devem ser realizadas com o apoio de outra pessoa.*

Idade escolar

É a fase de latência descrita por Freud. Nela ocorre a repressão da sexualidade e a substituição do interesse sexual pela aprendizagem: a criança começa a desenvolver habilidades com o objetivo de exercer funções produtivas no futuro, surgindo o interesse pelas profissões.

O sentido de produtividade é acompanhado pelo de inferioridade diante da aprendizagem. A má resolução dessa fase pode resultar em formalismo, repetição obsessiva de formalidades sem sentido algum em determinadas ocasiões, gerando inércia e bloqueios cognitivos.

ATENÇÃO! A representação social da criança deve ser estimulada por pais e professores, facilitando as relações sociais e enriquecendo sua personalidade.

Adolescência

É a fase genital descrita por Freud, na qual ocorre a evolução da energia sexual para os órgãos genitais, além do sentimento de ser único e coerente consigo mesmo.

Diante da confusão de papéis, as relações interpessoais assumem uma posição de protagonismo, pois possibilitam o desenvolvimento de uma identidade única. Essa confusão de papéis e de identidade pode ser expressa nas questões: O que sou? O que serei? Sou igual a meus pais? Isso é o que Freud chama de crise do ego, ou seja, a crise de identidade, que só será superada quando o adolescente tiver respostas para essas perguntas.

Alguns fatores contribuem para a confusão de identidade, como perda de laços familiares, falta de apoio no crescimento e dificuldade em lidar com mudanças.

A vertente negativa dessa fase é o fanatismo.

ATENÇÃO! De acordo com Erikson, quanto mais resolvidas forem as fases anteriores, mais fácil será a superação da crise de identidade. Para tanto, o adolescente deve ser confiante, autônomo, proativo (com iniciativa) e produtivo para enfrentar a crise de identidade com sucesso.

PARA SABER MAIS! Vale a pena assistir ao filme brasileiro Confissões de Adolescente, produzido em 2013, que retrata diversas situações que refletem angústias de adolescentes. Reflita sobre as situações apresentadas e o que você aprendeu sobre essa fase evolutiva.

Juventude

Essa fase, bem como as duas últimas fases propostas por Erikson, ainda está inserida na fase genital, de Freud. É o período do adulto jovem, e nele é adotado o padrão genital como base para a organização afetiva, em que a troca de afetos é feita sem risco de perder a própria identidade; e a intimidade aproxima as pessoas, enquanto o isolamento afasta a possibilidade de troca.

A vertente negativa dessa fase, que pode se tornar uma patologia, é o isolamento que ocorre com aqueles que não conseguem estabelecer compromissos e troca de afetos com intimidade. As uniões e os casamentos, em geral, surgem nesse período.

ATENÇÃO! O isolamento nem sempre é negativo. Caso ocorra por um período curto pode ser positivo, pois pode fazer com que o ego aproveite esse momento para evoluir.

Fase adulta

Nela, ocorre a preparação da geração seguinte, capacitando-a para a preservação da vida, da espécie e da organização social. Esse cuidado com as novas gerações ocorre graças à generosidade, e aparece na família e na educação.

É também nessa fase que ocorre a produção de bens e de cultura.

Isso só acontece caso haja a superação da inércia e da estagnação, que são patologias que podem surgir nessa etapa.

ATENÇÃO! É preciso ficar atento para que a autoridade, por ser mais velho e ter muito o que compartilhar, não se transforme em autoritarismo.

Velhice

Nessa fase, ocorre harmonia e integração física e mental, bem como a integração da experiência de vida em um significado pessoal único. A sabedoria é a virtude do idoso, o qual tem como tarefa manter a tradição.

Nessa etapa, ocorre o balanço do que foi feito na vida e, caso essa avaliação não seja positiva, essa fase será mal ultrapassada, gerando desesperança. A questão-chave é: valeu a pena ter vivido?

ATENÇÃO! As pessoas que vivem em eterna nostalgia e tristeza na velhice são aquelas que acreditam que a vida não valeu a pena e que não há nada mais a fazer. Aquelas cuja avaliação de vida é positiva sentem a sensação de dever cumprido e de integridade, com disposição para compartilhar as experiências vividas. Mas atenção! Há também aqueles que se julgam "o mais sábio de todos" e querem impor sua opinião por serem mais velhos e mais experientes.

PARA SABER MAIS! Leia mais sobre teorias de desenvolvimento e de aprendizagem no livro Psicologia do desenvolvimento: infância e adolescência, de autoria de David R. Shaffer e Katherine Kipp, publicado pela Cengage Learning, em 2012.

Como vimos, conhecer o processo de aprendizagem, bem como as fases evolutivas do desenvolvimento humano, contribui para que os educadores possam desempenhar suas funções de forma mais competente e eficaz. Cabe, portanto, ao educador estar atento para os conceitos apresentados pelas teorias de aprendizagem e para o que se passa com seus aprendizes. Estudar, observar, tentar, fazer, avaliar e corrigir são ações que acontecem no dia a dia de cada educador e devem ser realizadas sempre da melhor forma possível!

Glossário – Unidade 2

Ábaco – antigo instrumento de cálculo formado por uma moldura com bastões ou arames paralelos, dispostos no sentido vertical, correspondentes cada um a uma posição digital (unidades, dezenas etc.) nos quais estão os elementos de contagem (fichas, bolas, contas) que podem fazer-se deslizar livremente.

Afetividade – capacidade individual de experimentar o conjunto de fenômenos afetivos (tendências, emoções, paixões, sentimentos). Consiste na força exercida por esses fenômenos no caráter de um indivíduo. Está presente em todas as áreas da vida, influenciando profundamente o crescimento cognitivo.

Blocos lógicos – conjunto de 48 peças de plástico ou de madeira criado por Zoltan Dienes, matemático russo, para estimular a criança a aprender e desenvolver diversos conceitos matemáticos, como forma, espessura, tamanho, noção de conjuntos, cor etc.

Brainstorming – tempestade cerebral ou tempestade de ideias. Técnica para realização de trabalho em grupo para resolver problemas específicos, desenvolver novas ideias ou projetos, juntar informações e estimular o pensamento criativo.

Educação formal – aquela que acontece na escola mediante a participação de um professor e que tem os objetivos relativos ao ensino e à aprendizagem de conteúdos historicamente sistematizados, regimentados por leis.

Educação informal – ocorre na família, na igreja, com amigos, no bairro, ou seja, por meio da interação com grupos sociais, os quais são carregados de valores e culturas herdados historicamente; é por meio dessa interação que são repassados de um para outro. Tem como objetivo a socialização, desenvolvendo hábitos e modos de pensar e agir perante os obstáculos enfrentados na vida.

Esquemas – padrões que criamos para processar as inúmeras informações que recebemos e que são necessárias para nosso desenvolvimento e nossa sobrevivência.

Sinestésico – relacionado à associação espontânea (e que varia segundo os indivíduos) entre sensações de naturezas diferentes, mas que parecem estar intimamente ligadas.

Tangram – quebra-cabeça chinês formado por sete peças: um quadrado, um paralelogramo, dois triângulos isósceles congruentes maiores, dois triângulos menores também isósceles e congruentes, além de um triângulo isósceles médio. Juntas, as sete peças formam um quadrado. Surgiu há mais de 2000 anos e seu nome original, "Tchi Tchiao Pan", significa sete peças da sabedoria. O objetivo é conseguir montar determinada forma usando as sete peças.

UNIDADE 3
AVALIAÇÃO

Capítulo 1 Conceito de avaliação, 58

Capítulo 2 Objetivos da avaliação, 58

Capítulo 3 Tipos de avaliação, 60

Capítulo 4 Normas e técnicas de construção de avaliação, 66

Glossário, 74

1. Conceito de avaliação

Para começarmos a estudar avaliação, é importante apresentar o conceito da palavra **"avaliar"**, que significa determinar valor, preço, importância de alguma coisa ou, ainda, verificar a aquisição de **competências** e habilidades em determinada área do conhecimento.

Para este estudo, a palavra avaliar terá o sentido de verificar a aquisição de competências, de conhecimentos e de habilidades, bem como de determinar a valia ou o valor de alguma atividade, processo ou programa educacional (entendendo valor não como conceito ou nota, e sim como qualidade).

Nesta unidade será abordada a avaliação no ambiente educacional.

Avaliar, em educação, é o processo de coleta e análise de dados, tendo em vista verificar se os objetivos propostos foram atingidos.

ATENÇÃO!
*Avaliar não é sinônimo de **testar** ou **medir**!*

2. Objetivos da avaliação

Tudo o que é feito na vida é passível de avaliação.

Quando alguém faz um bolo, ela quer que todos avaliem se ficou saboroso. Se alguma pessoa estreia uma uma roupa nova, certamente questionará para outrem se ficou bem.

Além de nos submetermos à avaliação, também podemos avaliar em várias situações.

É natural que alguém comente sobre a forma como o outro dirige, criticando-o ou o elogiando. Do mesmo modo, acontece com a análise de uma música, podendo o sujeito apreciá-la, ou não.

O questionamento que se faz é saber qual é o objetivo de uma avaliação.

Uma avaliação tem como objetivo verificar se o que foi planejado, foi atingido, ou está sendo atingido. A avaliação não ocorre apenas ao final do processo.

No planejamento educacional, são traçados objetivos e metas a serem alcançados.

A avaliação também tem, como objetivo, analisar os avanços e dificuldades no processo de construção do conhecimento.

Esses avanços se traduzem em mudança e aquisição de comportamentos motores, cognitivos, afetivos e sociais.

A avaliação pode ser vista, portanto, como método de reflexão sobre o progresso real e potencial do aluno no desenvolvimento de aprendizagem.

Essa análise pode partir, inclusive, do avaliado, ocasião em que, pela autoavaliação, ele poderá verificar suas características e seus pontos a melhorar.

Avaliar, em educação, não é sinônimo de fazer prova e atribuir nota, nem está relacionado à aprovação ou reprovação de ano letivo. Seu objetivo não é medir as informações retidas, com caráter seletivo e competitivo. A avaliação tem um caráter investigativo, de diagnóstico, bem como orientador e cooperativo.

No entanto, é importante citar que essa visão da avaliação está relacionada a um modelo pedagógico e uma postura filosófica, em que se acredita ser o aprendiz o construtor do seu conhecimento.

ATENÇÃO! Apenas professores autoritários e inseguros veem a avaliação como uma forma de punição para alunos displicentes e indisciplinados.
Um professor sério, responsável e seguro de sua prática docente adota a avaliação como uma forma de diagnóstico do progresso e das dificuldades dos alunos, servindo de indicador para o replanejamento do trabalho docente.

Outro objetivo da avaliação é possibilitar que o professor aperfeiçoe sua prática pedagógica, já que os resultados obtidos pelo aluno estão diretamente relacionados com a sua atividade. Ao avaliar se o aluno conseguiu aprender, o professor está avaliando se ele conseguiu ensinar.

PARA SABER MAIS! O filme estadunidense O Triunfo (The Ron Clark Story, 2006) é baseado na vida do professor Ron Clark, em uma escola em Nova York. Em uma das cenas, ele aplica uma avaliação aos estudantes e percebe que os objetivos não foram atingidos. Resolve, então, mudar sua metodologia de ensino e, ao aplicar uma segunda avaliação, constata que, dessa vez, os alunos aprenderam e as metas foram alcançadas.

Podemos concluir que a avaliação não tem um fim em si mesma. Ela é um meio, um recurso, um processo contínuo e sistemático. Deve ser planejada e não esporádica ou improvisada.

A avaliação é funcional, pois se realiza em função dos objetivos previstos, que são os seus elementos norteadores.

Importante ressaltar que a avaliação deve ser realizada tendo como base a totalidade e não fatos isolados, e que o seu resultado deve levar a uma tomada de decisão em relação ao que foi avaliado. De nada adianta ter conhecimento de que algo não vai bem, por exemplo, se não for tomada alguma decisão, ou seja, se não houver atuação para que, o que não está bem, fique melhor.

A avaliação, portanto, está inserida em um projeto educacional, que tem como base uma concepção pedagógica. Esta concepção tem, como foco, observar a capacidade do aluno atingir as metas estabelecidas a partir de uma **aprendizagem significativa** e integrada no seu desenvolvimento como indivíduo e, igualmente, da sociedade em que faz parte.

Ou seja, o modelo de avaliação está fortemente ligado ao modelo de educação em que se acredita.

ATENÇÃO! Howard Gardner, psicólogo e pesquisador da Universidade de Harvard, em pesquisa realizada com pessoas que não foram bem sucedidas nas avaliações escolares, verificou que muitas delas obtiveram sucesso nas atividades profissionais. Isso fez que ele começasse a questionar a avaliação escolar, cujo objetivo não considera a análise de capacidades que são importantes na vida das pessoas. Concluiu, portanto, que as formas convencionais de avaliação, baseadas na pedagogia tradicional, apenas traduzem a concepção de inteligência vigente na escola, limitada à valorização da competência lógico-matemática e linguística.

A avaliação não deve ser vista como um produto do processo educativo e, sim, como parte dele, informando a todo o momento o que deve ser revisto e aprimorado durante esse desenvolvimento.

3. Tipos de avaliação

Em educação, a avaliação ocorre em vários níveis: do processo-ensino aprendizagem, do currículo, do professor, da metodologia adotada, do funcionamento da instituição como um todo.

A avaliação da aprendizagem, de acordo com Gardner, deve ser ecologicamente válida, ou seja, deve ser realizada em ambientes habituais, com a utilização de materiais já conhecidos por quem está sendo avaliado.

Ainda segundo Gardner, as diferentes inteligências devem ser avaliadas, em termos de suas manifestações, em atividades diversas e não simplesmente a partir da aplicação de um teste verbal. Por exemplo, para analisar a habilidade verbal, em vez de se aplicar um teste de vocabulário, definições ou semelhança, deve-se observar ou empregar atividades que estimulem contar histórias ou relatar acontecimentos. Ao invés de tentar avaliar a habilidade espacial isoladamente, deve-se observar as crianças durante uma atividade de desenho ou enquanto montam ou desmontam objetos.

Uma avaliação pode ser praticada antes, durante ou após um processo ensino-aprendizagem.

Neste caso, a avaliação é classificada quanto ao momento do processo de aprendizagem em que ela é aplicada, podendo ser em diagnóstica, formativa e somativa.

Avaliação diagnóstica

Analisa o ponto de partida do aprendiz, ou seja, de onde ele está partindo antes de iniciar o processo de aprendizagem.

Tem por objetivo avaliar o que o aprendiz já conhece ou quais conteúdos ou métodos o professor domina com mais segurança.

Desta forma, possibilita melhor acolhimento e inserção em estágio de aprendizagem compatível com experiências anteriores.

PARA SABER MAIS! Assista ao filme Um sonho possível *(The blind side, 2009), em que, em uma das cenas, a professora de biologia aplica uma avaliação diagnóstica em seu primeiro dia de aula com o objetivo de verificar o que os alunos se lembram dos conteúdos estudados no ano anterior.*

A avaliação diagnóstica é utilizada tanto no ambiente escolar como, também, no **ambiente corporativo**.

Pode ser composta das seguintes etapas:

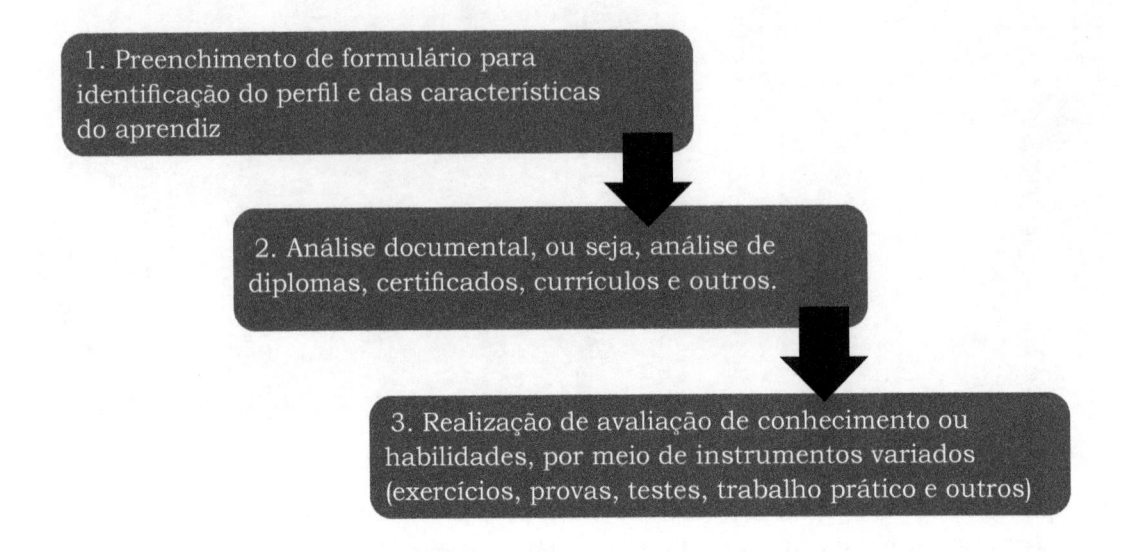

1. Preenchimento de formulário para identificação do perfil e das características do aprendiz

2. Análise documental, ou seja, análise de diplomas, certificados, currículos e outros.

3. Realização de avaliação de conhecimento ou habilidades, por meio de instrumentos variados (exercícios, provas, testes, trabalho prático e outros)

Essas etapas não são obrigatórias, podendo uma ocorrer sem a outra.

ATENÇÃO! Uma avaliação diagnóstica pode ocorrer no meio do desenvolvimento de aprendizagem, caso haja a necessidade de verificar um determinado aspecto desse processo. O fato é que, esta avaliação visa diagnosticar algum aspecto do processo no que diz respeito a conhecimentos prévios.

Avaliação formativa

Ocorre durante o processo de aprendizagem.

Como o próprio nome sugere (formativa), a intenção é promover a formação daquele que aprende.

Tem como objetivo verificar como as metas estão sendo atingidas e fazer correções no percurso, principalmente, no que diz respeito à metodologia adotada.

Este tipo de avaliação busca compreender os processos mentais utilizados pelos aprendizes para construir o seu conhecimento.

Como podemos perceber, este tipo de avaliação se baseia em uma educação em que haja um processo de construção do conhecimento, e não simplesmente uma transferência de um produto pronto.

O interesse é no processo, no raciocínio, na lógica utilizada para atingir o objetivo proposto, e não no resultado em si.

Podem ser expressas em testes, exercícios e observação.

O ideal é que, na utilização de observação, seja construído um formulário para registro do que foi observado acerca do comportamento do estudante. Após a análise do resultado desse tipo de avaliação, é necessário fornecer para o aluno um **feedback** em relação ao seu desempenho, bem como planejar as intervenções necessárias a partir do que foi analisado.

ATENÇÃO! É muito importante criar um clima positivo no ambiente de aprendizagem para que a avaliação seja encarada como parte do processo e não como uma forma de punir os alunos ou de apontar quem é bom e quem é ruim.

Avaliação somativa

É aplicada ao final do processo de aprendizagem.

Este termo, muitas vezes, não é utilizado, pois a tendência é remeter simplesmente à contagem de informações adquiridas, visando um caráter classificatório, ou seja, definir quem é bom e quem é mau aluno, quem tirou nota alta ou nota baixa.

PARA SABER MAIS! A forma de encarar a avaliação somativa como classificatória pode ser observada no filme Sociedade dos Poetas Mortos (Dead Poets Society, 1989). Em uma das cenas, o professor de matemática utiliza uma avaliação classificatória e excludente.

No entanto, a avaliação somativa não apresenta esta finalidade, e tem sua utilidade no que diz respeito à quantificação dos conhecimentos construídos, complementando a avaliação formativa.

ATENÇÃO! As avaliações somativas são utilizadas em situações em que é necessário classificar candidatos, como em um concurso. Nesses casos, são adotados conceitos expressos em notas (de 0 a 10, por exemplo), em letras (A / B / C/ D / E), ou em expressões (Excelente / Muito bom / Bom / Regular / Ruim).

Podemos resumir os três tipos de avaliação citados da seguinte forma:

Tipo de avaliação	Função	Objetivo	Quando aplicar
Diagnóstica	Diagnosticar	Verificar conhecimentos prévios.	Antes da ação educacional
Formativa	Acompanhar	Acompanhar o processo de aprendizagem do aluno, fazendo ajustes sempre que necessário.	Durante a ação educacional
Somativa	Verificar e/ou classificar	Verificar se os resultados de aprendizagem esperados foram atingidos e classificar os aprendizes por níveis de aproveitamento, quando necessário.	Ao final da ação educacional

Os tipos apresentados estão relacionados à avaliação de aprendizagem, que faz parte do segundo nível da escala Kirkpatrick. A escala de avaliação de resultados de Kirkpatrick foi publicada em 1975, e é muito utilizada em educação corporativa.

Os níveis sugeridos por esta escala são:

Nível	Tipo de avaliação	Descrição
1	Reação	Avalia o nível de satisfação com a ação educacional.
2	Aprendizagem	Avalia o que os alunos aprenderam a partir da participação na ação educacional.
3	Mudança de comportamento	Avalia o que há de diferente no comportamento dos alunos após a participação na ação educacional.
4	Resultados	Avalia o impacto gerado a partir da realização da ação educacional.

A avaliação de reação, situada no nível 1 da escala de Kirkpatrick, é muito utilizada em cursos aplicados em empresas, em instituições de ensino superior e em eventos, como congressos, seminários e outros.

Seu objetivo, como o próprio nome sugere, é mensurar a reação dos participantes em relação à ação educacional.

Algumas perguntas utilizadas neste tipo de avaliação são:

- Os objetivos de aprendizagem foram atingidos?
- Os materiais de apoio foram de boa qualidade?
- O professor desempenhou seu papel de forma adequada?

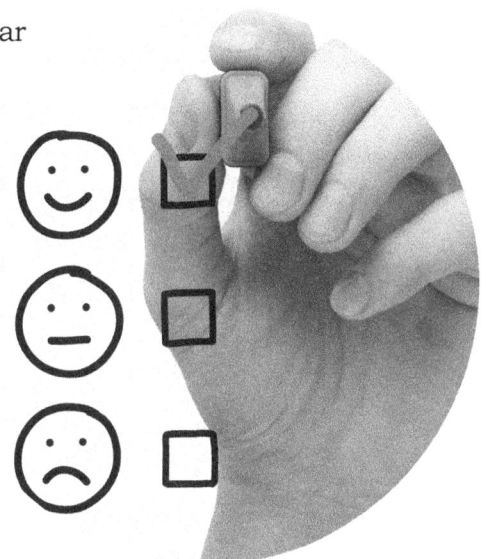

ATENÇÃO! É muito importante consolidar as respostas das avaliações de reação para que sirvam de subsídios para a melhoria da ação educacional.

O nível 3, mudança de comportamento, diferentemente do nível 2, não está focado apenas na aprendizagem dos conceitos, princípios, fatos e técnicas. O intuito é verificar se houve mudança no comportamento do aluno após aprender, pois ele só estará apto a aplicar o que foi aprendido se estiver disposto para tal.

O nível 4, avaliação de resultado, também é chamada de avaliação de impacto e é muito utilizada no campo social. Nas organizações, é verificado se houve redução de custos, aumento de vendas, aumento da produtividade do aprendiz, enfim, qual foi o impacto decorrente da ação educacional. No campo social, observa-se de que maneira aquela ação refletiu na vida do indivíduo e, até mesmo, da comunidade em que vive.

Existe outro tipo bem específico de avaliação que é utilizado para que o aprendiz avalie a seu conhecimento, sua atuação e participação no processo ensino-aprendizagem: é a autoavaliação.

A autoavaliação deve ser utilizada sempre que for necessário compreender a percepção do aluno sobre a sua aprendizagem, estimulando o papel ativo do aprendiz.

Pode ser aplicada oralmente, ou por meio de um questionário, após a ação educacional, em qualquer nível de aprendizagem.

Mesmos não havendo registro por parte do aprendiz, é aconselhável que o professor utilize um roteiro com perguntas, refletindo exatamente o que o professor quer avaliar.

4. Normas e técnicas de construção de avaliação

Ao tratar do tema avaliação, é necessário falar em medida. Como visto anteriormente, avaliar é mais abrangente que medir, mas, de qualquer forma, alguns pontos precisam ser levados em conta:

  a. Em um ensino eficiente é preciso avaliar o desempenho do aluno;

  b. A avaliação deve estar baseada nos objetivos previamente estabelecidos;

  c. Temos, assim, que nos atentar, inicialmente, em "o que avaliar" e não "como avaliar". O "como" será traçado a partir do "quê". Portanto, os instrumentos de medidas são selecionados a partir dos objetivos que se deseja alcançar; e

  d. Os pontos atingidos nos instrumentos de medida devem ser analisados em sua totalidade e devem ser considerados como variáveis que fazem parte de um todo, que é o aluno em sua plenitude. Como afirmou Paulo Freire, é preciso considerar que a forma e o resultado da aprendizagem dos alunos são distintos porque cada um tem uma história de vida diferente.

ATENÇÃO! Devemos ficar atentos não apenas à coerência interna de uma avaliação, mas também a sua coerência externa. Ela deve estar alinhada aos objetivos e aos aspectos do planejamento e, além disso, deve estar coerente com aspectos externos ao processo, como as condições culturais, econômicas e sociais do estudante.

  e. Para ser eficiente, é necessário que o instrumento de avaliação seja bem aplicado. Sendo assim, o educador deve ser capacitado/orientado na aplicação de qualquer instrumento de medida, que pode ser, uma avaliação escrita, um formulário de observação, um jogo, uma dinâmica, um relatório de atividade prática e outros.

A seguir, serão abordardados os seguintes instrumentos / procedimentos:

- avaliação oral;
- testes, provas e exercícios com questões abertas (dissertativas);
- testes, provas exercício com questões fechadas;
- observação;
- entrevista.

Avaliação oral

Conhecida como prova oral ou arguição, esse tipo de procedimento não é muito utilizado nos dias de hoje.

Sua vantagem é permitir que o aluno reflita sobre uma questão apresentando sua análise crítica sobre o conteúdo e situações.

No entanto, por ter sido utilizada de forma errônea, tornou-se um terror para os alunos. Os professores, muitas vezes, a aplicavam sem o devido preparo, dando um tom muito ameaçador e de poder que não cabia a uma situação como essa, fazendo com que o aluno se sentisse muito intimidado e constrangido.

Seria muito bom se os alunos encarassem esse tipo de avaliação como a possibilidade de expressar suas ideias e suas críticas ao que está sendo estudado. Ainda é usado no ensino de línguas estrangeiras, pois permite verificar a pronúncia, a construção correta das frases e a fluência do vocabulário.

Testes, provas e exercícios com questões abertas (dissertativas)

Neste instrumento, o aluno precisa expressar sua posição a respeito de um determinado assunto por meio de um **texto dissertativo**.

Deve ser usado quando se deseja avaliar:

- a capacidade de expressão do aluno;
- as conclusões pessoais do aluno sobre determinado assunto;
- a capacidade de reflexão do aluno sobre um tema; e
- a organização de ideias.

As questões dissertativas são mais trabalhosas no que diz respeito à correção. O professor deve ler cada uma das respostas com tempo e atenção.

Para facilitar a correção, até porque, em algumas situações, não é o mesmo professor que elabora e corrige as questões, é bom desenvolver um documento apresentando os principais pontos que deverão ser abordados na resposta. Dessa forma, a correção se torna menos subjetiva.

As questões devem ser claras e diretas, evitando que os alunos se percam na resposta, fiquem dando rodeios e não abordem o que está sendo solicitado.

Testes, provas e exercícios com questões fechadas

Este instrumento é formado por questões objetivas, em que o aluno deve escolher, entre as opções, a que está correta (múltipla escolha), ou tem que relacionar duas colunas (correspondência), ou assinalar "verdadeiro" ou "falso" para as afirmativas apresentadas, ou completar lacunas.

Deve ser utilizada quando há um grande número de alunos ou quando há muito conteúdo a ser avaliado. Ou, ainda, quando há pouco tempo para a correção.

Nesse tipo de instrumento, o ideal é que as questões possuam graus diferentes de dificuldade. Uma boa opção é a seguinte:

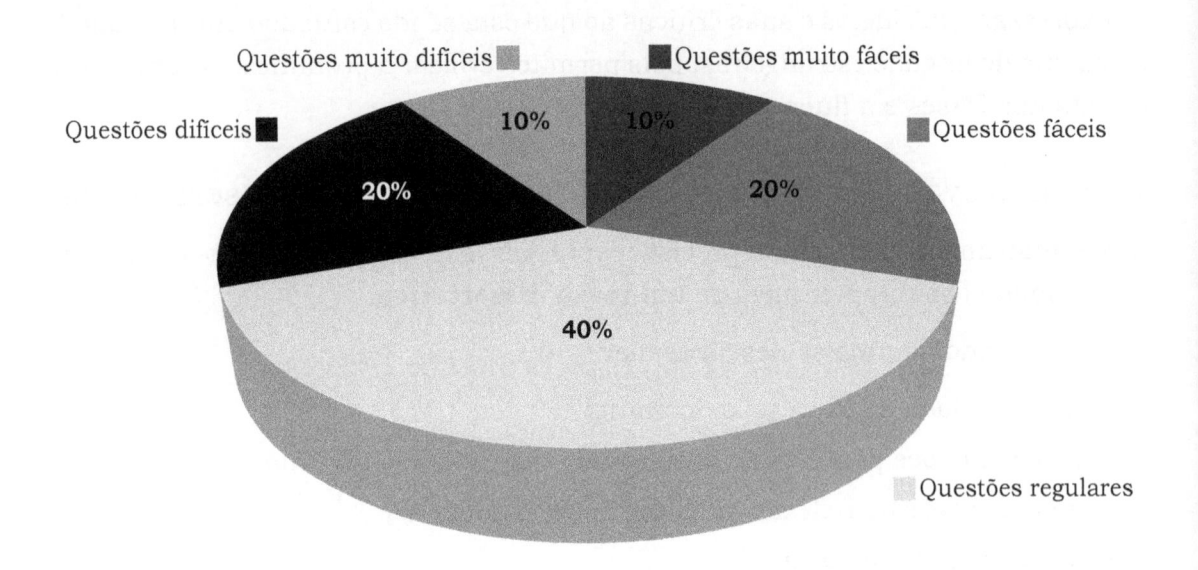

- Questões muito difíceis: 10%
- Questões muito fáceis: 10%
- Questões difíceis: 20%
- Questões fáceis: 20%
- Questões regulares: 40%

As questões devem abordar assuntos de relevância e devem ser redigidas com linguagem clara, objetiva e sem ambiguidades.

Alguns cuidados devem ser tomados na elaboração de questões de múltipla-escolha:

- não devem abordar temas polêmicos que possam gerar confusão ou dúvidas;
- devem ser contextualizadas com vistas à melhor compreensão do problema a ser resolvido;
- sempre que possível, abordar fatos do cotidiano, situações práticas e problemas comuns, para que os alunos sintam interesse em responder;
- não devem ser utilizados enunciados negativos, como, por exemplo, solicitar que assinalem a alternativa incorreta ou falsa, pois, do ponto de vista da aprendizagem, é necessário que sejam salientados fatos, conceitos e princípios que desejamos que o aluno saiba e/ou aprendam (a avaliação também ensina!), em vez de exceções. O fato de o aluno saber o que "não é", não garante que ele saiba o que "é";
- evitar textos muito longos e cansativos que possam dispersar o aluno; e
- os verbos devem ser impessoais e não flexionados na primeira pessoa do plural (nós).

Observação

Neste tipo de avaliação o professor observa os alunos, a fim de verificar se as suas atitudes indicam que os objetivos propostos foram atingidos.

Os alunos podem ser observados ao realizarem um exercício, uma atividade prática, um trabalho em grupo ou, até mesmo nos momentos de lazer, como no recreio ou no intervalo das aulas.

Algumas situações só podem ser avaliadas mediante observação. São elas:

- domínio de atividades motoras, como, por exemplo, o uso de uma tesoura por crianças em uma classe de Educação Infantil;
- questões relacionadas ao relacionamento interpessoal, como capacidade de trabalhar em equipe ou de atuar em situações de conflito.

A observação pode acontecer sem que haja uma sistematização ou pode ser feita de forma sistematizada. Neste caso, é necessário o uso de um instrumento com fichas de acompanhamento e anotação.

De qualquer forma, em qualquer observação é indicado o registro, mesmo que seja feito informalmente.

Este registro permite que o professor acompanhe a evolução do aluno, atuando quando achar necessário, por exemplo, fazendo contato com os responsáveis em caso de alunos em classe escolar.

Algumas das dicas para a o registro das observações são:

- utilização de fichas individuais que fiquem armazenadas em um só lugar (uma caixa ou arquivo) ou um caderno específico para este fim;
- esclarecimento dos pontos que serão observados;
- utilização de linguagem direta e objetiva ao fazer as anotações;
- uso de linguagem descritiva, não fazendo interpretações o que está sendo observado.

Entrevista

A entrevista pode ser utilizada para aprofundar algum aspecto já observado. Permite tornar este aspecto mais claro, fazendo que o entrevistador conheça mais algumas informações que só tem conhecimento muito superficialmente.

Para ser realizada, é necessário um bom relacionamento entre o entrevistador (que pode ser o professor) e o entrevistado (o aluno) e, além disso, uma relação de confiança. Dessa forma, o aluno se sentirá à vontade para responder as questões e o fará de forma sincera e honesta.

Pode ser utilizada para:

- diagnóstico da turma;
- compreensão de deficiências na aprendizagem;
- compreensão de dificuldades de estudo; e
- esclarecimento de dúvidas em relação a determinado comportamento.

ATENÇÃO! A observação e a entrevista são avaliações formativas e, em hipótese alguma, devem gerar uma nota.

Benefícios do processo de avaliação

Imagine a seguinte situação:

Há muitos anos, João é o padeiro responsável por fazer pão francês em uma padaria. Todo dia ele faz o mesmo pão, seguindo a receita que lhe entregaram quando começou a trabalhar. Ninguém fala se o pão está bom ou ruim. E João continua fazendo o seu pão da mesma forma. Um dia, chega Arnaldo, um novo padeiro, que percebe que o pão que é feito poderia ser melhorado. E dá a ideia de fazer algo diferente na massa. A partir dessa mudança, a padaria dobra a venda do pão francês!

O gestor da padaria não tinha a preocupação em avaliar o que era feito, nem em dar *feedback* ao padeiro sobre a sua produção.

Dessa forma, tudo era feito do mesmo jeito há anos, sem inovação.

Arnaldo, o novo padeiro, ao assumir sua função, avaliou o que era feito e trouxe novas ideias a partir do resultado da avaliação, tornando o negócio muito mais lucrativo, que é um dos objetivos de um estabelecimento comercial.

Um dos benefícios do processo de avaliação é justamente esse: identificar a relação entre as metas traçadas e o resultado alcançado.

Em educação é essencial que a meta seja proposta antes do processo instrucional para que seja elaborado um planejamento adequado com o que se pretende atingir.

Outro benefício do processo de avaliação foi o que aconteceu na padaria: a possibilidade de rever o que foi planejado e o que está sendo realizado.

O pão, que era feito por João há anos, era produto de uma receita que nunca foi revista. Não houve um processo de inovação e de atualização do que era feito.

Em educação, a avaliação possibilita a revisão do planejamento de ensino. Muitas vezes, a causa do insucesso é o planejamento de ensino. O método selecionado pode não ser adequado ao público-alvo, as estratégias podem não funcionar o espaço físico que estão sendo aplicadas, enfim, muitos aspectos podem ser ajustados em função da avaliação que permite a revisão do planejamento de ensino.

Outros benefícios do processo de avaliação educacional são:

Identificar as dificuldades de aprendizagem.

A partir do desempenho do aluno, é possível verificar se está tudo correndo bem ou se há alguma razão específica para o aluno não aprender, como, por exemplo:

Algumas razões para o aluno não aprender	Descrição
Distúrbios de aprendizagem	Problemas fisiológicos, neurológicos ou psicológicos que impedem que o aluno aprenda. Por exemplo: **miopia** (pode dificultar a visão do que está sendo apresentado no quadro), **déficit de atenção** (pode atrapalhar a concentração do aluno).
Imaturidade para o conteúdo que está sendo trabalhado	O aluno não está preparado para lidar com determinado conteúdo. Por exemplo: se o aluno não sabe efetuar divisão, não conseguirá aprender frações, pois a divisão é um pré-requisito para o aprendizado de frações.
Inadequação do método de ensino	O método de ensino deve estar de acordo com a faixa etária do aluno, com o ambiente de aprendizagem e com o perfil do professor. Quando isto não acontece, a aprendizagem ficará prejudicada.

A partir da identificação do que está acontecendo para que o aluno não aprenda, cabe ao professor adotar as medidas necessárias.

Aprovar os alunos para o nível de aprendizagem seguinte.

O resultado da avaliação permite que o professor identifique se o aluno está apto ou não a participar do nível seguinte, uma vez, que muitos programas educacionais no nosso país estão organizados no modelo de seriação.

Auxiliar o aluno no desenvolvimento cognitivo, afetivo e psicomotor.

A partir do processo de avalição é possível verificar o desenvolvimento do aprendiz tanto no aspecto cognitivo, como também nos aspectos afetivo e psicomotor, contribuindo para que o professor saiba como estimular suas potencialidades para que o processo de ensino seja totalmente eficaz.

Muitas vezes, o professor percebe que, para que o aluno se desenvolva, é necessário fazer uma mudança no sua metodologia, por exemplo.

Apontar pontos de melhoria na forma de ensinar.

O processo de avaliação indica o que está dando certo e o que precisa melhorar.

Aponta as forças e as fraquezas do planejamento de ensino e da aplicação deste planejamento.

Cabe ao educador, fazer a leitura dos resultados do processo de avaliação para que possa atuar no sentido de fazer os ajustes necessários para obter cada vez mais sucesso na sua função.

Possibilitar que o professor reflita sobre o seu trabalho.

O professor também precisa ser avaliado para que alguns pontos possam ser refletidos, como a adequação das ações realizadas e sua eficácia para o alcance dos objetivos educacionais e se os resultados oriundos das ações estão sendo frutíferos.

Ao ser avaliado, o professor recebe como feedback quais pontos do seu trabalho precisam ser revistos.

> *PARA SABER MAIS!* A Revista Nova Escola *disponibiliza, na Internet, um artigo sobre avaliação que vale a pena a leitura: Avaliação nota 10, de autoria de Paola Gentile e Cristiana Andrade. Disponível em: <http://revistaescola.abril.com.br/formacao/avaliacao-nota-10-424569.shtml>. Acesso em: 19 jul. 2015.*

Vimos que a avaliação é um recurso que faz parte do processo ensino-aprendizagem e que é aplicada de acordo com a concepção pedagógica adotada, com suas crenças e filosofia educacional. Essa crença, bem como os objetivos a serem atingidos com o programa educacional, determinarão, também, os tipos, os procedimentos e os instrumentos de avaliação que devem ser estudados e dominados pelo professor, a fim de que a sua aplicação transcorra com segurança e colaboração por parte dos aprendizes.

Glossário – Unidade 3

Ambiente corporativo – espaço de uma corporação, ou seja, de uma empresa.

Aprendizagem significativa – conceito criado pelo estadunidense David Ausubel em que os novos conhecimentos adquiridos se relacionam com o conhecimento prévio que o aluno possui, tornando o aprendizado algo significante e pleno de sentido para a pessoa que aprende.

Avaliar – interpretar dados quantitativos e qualitativos para obter um parecer ou julgamento de valor, tendo por base padrões ou critérios.

Competência – conjunto de habilidade, atitude e conhecimento.

Déficit de atenção – resultado de uma disfunção neurológica no córtex pré-frontal que faz com que a atividade dessa região diminua quando a pessoa tenta se concentrar, em vez de aumentar, como deve ser.

Feedback – é expressar a percepção ou a opinião em relação a determinado evento.

Medir – descrever um fenômeno do ponto de vista quantitativo.

Miopia – distúrbio visual que afeta a capacidade de focar objetos distantes.

Testar – verificar um desempenho por meio de situações previamente organizadas, chamadas testes.

Texto dissertativo – tipo de texto argumentativo e opinativo em que há a exposição da opinião sobre determinado assunto ou tema, por meio de argumentação lógica, coerente e coesa.

UNIDADE 4
PSICOLOGIA E AVALIAÇÃO

Capítulo 1 Afetividade, aprendizagem e avaliação, 76

Capítulo 2 Postura do educador no processo avaliativo, 83

Glossário, 86

Referências, 87

Uma das etapas do processo ensino-aprendizagem é a avaliação. Ao avaliarmos, verificamos se os objetivos propostos foram atingidos e se é necessário realizar ajustes no decorrer do processo.

Essa avaliação depende muito do educador, que é o responsável por organizá-la, elaborá-la e/ou aplicá-la.

Mas qual postura o educador deverá adotar? Como ele deverá atuar? Quais aspectos deverá considerar para que a avaliação não se torne um momento desagradável para o aluno? O que poderá interferir no resultado do processo de avaliação?

1. Afetividade, aprendizagem e avaliação

Imagine a seguinte situação: um bebê está começando a dar os primeiros passos. Sempre que ele está de pé, se segurando em algum apoio, sua mãe abre os braços e o encoraja a andar sozinho, sorrindo e demonstrando todo o seu amor. A mãe, neste caso, está tendo uma atitude afetiva e o bebê, com certeza, se sentirá mais seguro e amado a ponto de não ter medo de caminhar até ela, mesmo que com cautela e ainda meio cambaleante. O bebê ampliou suas habilidades e teve um momento de aprendizagem em que a **afetividade** foi um fator fundamental.

Os elementos externos como uma palavra, um olhar, um sorriso, um gesto do outro influencia completamente o processo de aprendizagem, assim como as sensações internas tais como o medo, a alegria, a tristeza e a fome.

De acordo com o filósofo, médico e psicólogo francês Henri Wallon (1879-1962), a afetividade é a capacidade do ser humano de ser afetado positiva ou negativamente por sensações internas ou externas. Segundo ele, a afetividade atua, em conjunto com a cognição e o ato motor, no processo de desenvolvimento e construção do conhecimento.

Este teórico foi um dos primeiros a afirmar que a afetividade é um dos aspectos centrais do desenvolvimento humano.

Ele mostrou que a afetividade pode se manifestar de três maneiras: pela emoção, pelo sentimento e pela paixão.

A emoção, que é a primeira expressão da afetividade, não é controlada pela razão e tem uma ativação orgânica. Por exemplo, quando um cão feroz vem em nossa direção, nós sentimos medo e nossa primeira reação pode ser a de sair correndo, mesmo que esta não seja a melhor alternativa para a situação.

O sentimento tem um caráter mais cognitivo e surge a partir do momento que a pessoa já consegue expressar por palavras o que lhe afeta. Ocorre, por exemplo, quando relatamos um momento de tristeza.

A paixão se caracteriza pelo autocontrole em função de um objetivo.

A relação entre afetividade e aprendizagem foi objeto de estudos de outros autores, como, por exemplo, Piaget e Vygotsky.

O **epistemólogo** suíço Piaget (1896-1980) apontou que o comportamento é composto por dois componentes: o cognitivo e o emocional. Estes dois elementos interferem no processo de construção do conhecimento, que ocorre em toda a vida e em ambientes informais (família, clube, igreja e outros) e formais (escola, empresa, universidade e outros).

O ser humano é cognitivo e afetivo ao mesmo tempo, e estes aspectos, além de coexistirem, são complementares e inseparáveis.

As emoções positivas podem favorecer o desempenho intelectual, o que torna importante o papel da afetividade no processo de aprendizagem.

É necessário olhar o aluno de forma humanizada, enxergando-o e considerando-o como um sujeito com sentimentos e emoções.

Segundo o psicólogo russo Vygotsky (1896–1934), é papel do educador contribuir para que os alunos pensem e assimilem os conteúdos e a sua aplicação, mas também que eles sintam esse conteúdo. Por meio de manifestações emocionais positivas são alcançadas as ações eficazes no processo de aprendizagem.

O educador deve estar atento para o fato de que o aluno não é somente um ser intelectual, mas, inclusive, um ser afetivo onde as emoções o motivam para o aprendizado. Ao compreender o aluno, a **práxis educativa** deixa de ser meramente **mecanicista** e cognitiva, tornando-se abrangente e integrada, onde a cognição e a emoção são consideradas com a mesma importância.

> *PARA SABER MAIS!* Assista ao vídeo sobre a afetividade na educação do programa Conhecer e Aprender, produzido pela Amazon.Sat. Disponível em: <https://www.youtube.com/watch?v=lzkfjZJZ7ek>. Acesso em: 15 fev. 2015.

Os educadores devem mediar e avaliar a aprendizagem acompanhando e colaborando com os alunos visando, não somente o conhecimento e o resultado final, mas a reafirmação do processo como um todo. Cabe a eles mediar e avaliar situações de aprendizagem de forma afetiva para que os alunos se sintam seguros e motivados.

> *ATENÇÃO! A avaliação precisa ter critérios claros. O aluno precisa compreender claramente a base da avaliação que foi aplicada, principalmente quando esta gera um conceito.*

Cabe ao educador, também, estabelecer relações de **empatia** com o educando, procurando entender seus sentimentos e mensagens, enfatizando a qualidade afetiva e produtiva em sala de aula.

O educador deve estimular a realização de exercícios de cooperação, que podem ser aplicados como **avaliação formativa**. Estes exercícios possibilitam o desenvolvimento cognitivo, moral, social e afetivo dos aprendizes, contribuindo para a formação da personalidade de cada aluno.

É importante que os alunos estabeleçam vínculos positivos com os conteúdos estudados. E, com certeza, isto não acontecerá se for criado um clima de ameaça e culpa em sala de aula, ou seja, se as avaliações tiverem como objetivo o amedrontamento dos alunos, fazendo com eles se sintam culpados caso não sejam bem-sucedidos no estudo.

A reprovação e a nota baixa não podem servir como instrumentos para conter a indisciplina. Quando isto acontece, a avaliação assume o valor de mercadoria, de poder de troca: "se você se comportar, receberá uma nota boa". A aprendizagem perde o seu valor de descoberta, de crescimento e de desenvolvimento: "Tenho de estudar e ser bem-comportado para ter uma boa avaliação e não para crescer e me desenvolver e me tornar um ser humano melhor."

A avaliação não pode ser utilizada para apontar os "melhores" e os "piores", enaltecer "acertos" nem envergonhar "erros". Os alunos que não forem bem-sucedidos não podem ser encarados como fracassados, se sentindo inferiorizados e culpados pelo fracasso.

Eles, também, não podem ser castigados pelos erros cometidos ao serem avaliados. O erro deve ser encarado como um caminho para o acerto.

A avaliação deve ser inclusiva, não levando a um julgamento de valor com a intenção de selecionar e segregar, mas com o sentido de melhorar, de atingir os resultados propostos.

Feedback: importante etapa da avaliação

Todos nós passamos por situações de avaliação continuamente e temos que nos aperfeiçoar, tanto no que diz respeito a aspectos pessoais, quanto a aspectos profissionais.

O processo de avaliação é composto, de modo geral, por seis etapas:

Definição do que será avaliado → Definição dos critérios de avaliação → Estabelecimento das condições → Escolha dos instrumentos → Aferição dos resultados → Feedback

1. Definição do que será avaliado.

A construção de um conhecimento? O desenvolvimento de uma habilidade? A manifestação de alguma atitude?

2. Definição dos critérios de avaliação.

Os critérios precisam ser objetivos e apresentar escalas de mensuração.

3. Estabelecimento das condições.

As condições estão relacionadas ao momento da avaliação, durante que atividade, por exemplo.

4. Escolha dos instrumentos.

Precisam ser condizentes com o que se quer avaliar.

5. Aferição dos resultados.

Análise do que surgiu dos instrumentos de avaliação.

6. Feedback.

É o retorno para quem foi avaliado, contribuindo para o seu crescimento. É o que dá sentido à avaliação.

> *PARA SABER MAIS!* A rádio CBN disponibiliza um **podcast** de Max Gehringer sobre o que é feedback. Vale a pena conferir! Acesse http://cbn.globoradio.globo.com/ (busque por Max Gehringer "O que é feedback?"). Disponível em: <http://cbn.globoradio.globo.com/comentaristas/max-gehringer/2006/06/21/O-QUE-E-FEEDBACK.htm>. Acesso em: 15 fev. 2015.

Ao recebermos um feedback devemos entender que o intuito é o nosso aprimoramento, pois todos nós sempre temos algo a melhorar.

No momento do feedback, é importante que a pessoa que foi avaliada conheça, detalhadamente, o resultado de sua avaliação a fim de que perceba quais pontos deverá melhorar.

> *ATENÇÃO!* A avaliação não pode ser vista como a grande finalidade da escola. O importante não é o conceito que o aluno obterá no final do período letivo, é a aprendizagem em si! E para que a aprendizagem ocorra é necessário que ela receba feedback em relação ao seu desempenho.

Podemos classificar o *feedback* no que diz respeito à forma de como é dado em dois tipos: aberto e velado.

Tipo de *feedback*	Descrição
Aberto	É direto. O professor comenta abertamente o comportamento e os resultados da avaliação do aluno.
Velado	É dado de forma indireta. O professor leva o aluno a perceber o resultado da avaliação sem falar diretamente no assunto.

Podemos também classificar o *feedback* como positivo, corretivo, insignificante e ofensivo.

A função do feedback positivo é reforçar um comportamento que queremos que se repita. Se esse reforço não for dado, é possível que o comportamento não venha a se repetir.

O feedback corretivo tem como objetivo modificar um comportamento.

Já o insignificante é tão vago e genérico que a pessoa avaliada não entende o que precisa melhorar.

Os três tipos de *feedbacks* citados se encaixam neste último que é o feedback ofensivo, onde o avaliado é ofendido e não tratado com o devido respeito.

> *PARA SABER MAIS! No filme* O Diabo veste Prada *(2006), a personagem da grande atriz estadunidense Meryl Streep, Miranda Priestly, dá vários* feedbacks *ofensivos a sua secretária, Andrea Sachs, mostrando como um gestor não deve agir com a sua equipe.*

O tipo de *feedback* que escolhemos determina a resposta que obtemos.

Outra classificação atribuída ao feedback escolar é a seguinte: elogio, reorientação, repreensão e sanção.

Elogio

Utilizado para reforçar um comportamento.

O professor deseja mostrar ao aluno que o seu comportamento condiz com o esperado.

Reorientação

Utilizado para mostrar que determinado comportamento não o mais adequado e deve ser alterado.

A ideia é mostrar onde está o erro e qual é o comportamento indicado.

Repreensão

Utilizado quando o aprendiz conhece o comportamento esperado, mas não o segue.

Sanção

Utilizado para mostrar ao aluno que o comportamento apresentado não é tolerado.

Pode ser uma advertência verbal ou até mesmo a expulsão da escola.

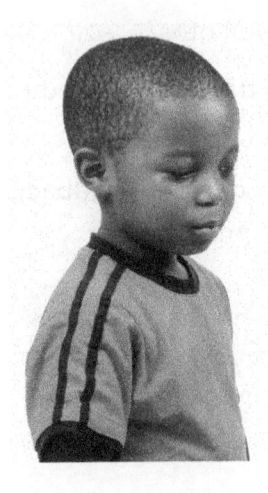

Para que um comportamento seja corrigido, podemos adotar uma técnica em que são feitas perguntas que permitam ao avaliado perceber o que precisa mudar. As perguntas levam a pessoa a refletir sobre o seu desempenho. Esta técnica é conhecida como questionamento orientado.

É importante ressaltar que, em algumas situações, somente fazer perguntas não resolve o problema. Algumas pessoas precisam receber feedbacks mais diretos. Neste caso, devem ser seguidos os seguintes passos, dando explicações claras e diretas para a mudança de comportamento:

1. Descreva um comportamento específico;
2. Descreva as consequências do comportamento;
3. Descreva como você se sente em relação ao comportamento;
4. Descreva por que você se sente dessa forma; e
5. Descreva o que precisa ser mudado.

O professor deve tomar o cuidado para não expor os alunos nem puni-los no momento do *feedback*, seja para mostrar quem é mais inteligente, seja para demonstrar quem tem mais dificuldades.

Ele deve ter a sensibilidade de, quando necessário, conversar com o aluno individualmente, se colocando à disposição para acompanhá-lo no seu desenvolvimento.

ATENÇÃO!
O feedback não deve se limitar à correção de provas em sala.

Os benefícios do *feedback* são:
- aproximação entre o professor e o aluno, gerando um sentimento de cumplicidade;

- estabelecimento de uma relação de confiança;
- clareza dos objetivos educacionais;
- objetividade nos pontos que precisam ser melhorados; e
- planejamento conjunto de ações para acertar o rumo no ensino.

O professor no momento do *feedback* deve:

- transmitir tranquilidade, ou seja, não demonstrar irritabilidade ou agressividade;
- escolher o momento adequado, devendo evitar fazê-lo quando os alunos estiverem com problemas pessoais ou quando o professor estiver com pressa e sem tempo para dar atenção devida à conversa;
- dar um foco positivo ao diálogo, para que o aluno perceba que o objetivo da conversa é o seu desenvolvimento, a sua melhoria.
- demonstrar sinceridade, sem florear demais, indo direto ao ponto e explicando com detalhes de forma clara e objetiva, para que o aluno entenda exatamente os pontos que precisam ser alterados;
- apontar mudanças que podem ser efetuadas pelo aluno, para que ele perceba o comportamento que é esperado.

Uma das questões em relação ao *feedback* diz respeito a como ele deve ser dado, se individualmente ou em grupo.

Geralmente, os *feedbacks* positivos são dados coletivamente e os negativos individualmente.

Os conceitos e as notas também são formas de feedback, e não devem ser divulgados para todos. Cada um deve receber o seu resultado. A decisão de divulgá-lo ou não deve ser do aluno.

Finalmente, um ponto essencial em relação ao feedback é a necessidade de planejamento de ações futuras, já que a função do feedback é apontar para o aluno o que precisa ser melhorado e como isso deve ser feito.

ATENÇÃO! A prática de feedback não ocorre somente em ambiente escolar. O feedback é um tema bastante discutido em **educação corporativa**, ou seja, nos processos de ensino e aprendizagem que ocorrem nas organizações.

2. Postura do educador no processo avaliativo

É papel do professor criar um ambiente de aprendizagem em que o aluno possa realizar experiências de construção do conhecimento, onde o erro e a busca por novas soluções sejam fundamentais.

O professor deve:

- estimular a **autonomia** e iniciativa do aluno;
- considerar as respostas do aluno para mudar **estratégias de ensino**, sempre que necessário;
- encorajar a participação dos alunos, fazendo perguntas reflexivas que incitem discussões no grupo;
- estar atento ao elaborar uma avaliação escrita tomando cuidado para não:
  - criar perguntas confusas;
  - construir questões focadas em detalhes do conteúdo e não na mensagem principal;
  - avaliar conteúdos que não foram trabalhados em sala de aula;
  - dar ou tirar pontos por comportamento, quando o foco não é o desenvolvimento afetivo e sim o cognitivo.
- observar os alunos em sala de aula, prestando atenção como agem, ouvindo suas opiniões para poder contribuir na aprendizagem sempre que for necessário;
- adotar uma atitude de *feedback* permanente, orientando para que seus alunos percebam os acertos e os pontos a melhorar;
- estimular a atividade mental dos seus alunos bem como o trabalho de investigação e descoberta;
- comentar positivamente as iniciativas, os esforços e progresso dos alunos, incentivando-os no processo de construção do conhecimento. Os elogios e a valorização do que é desejado ajudam mais a motivar os alunos do que críticas e punições;
- manter um clima agradável em sala de aula, pois as **relações interpessoais** estabelecidas influem no processo de aprendizagem;
- orientar e supervisionar os trabalhos, acompanhando os alunos, como parte do processo de avaliação formativa;
- estar próximo do aluno, inspirando-lhe segurança e confiança na própria capacidade de aprender e fazer progressos;
- mostrar ao aluno formas de melhorar o seu desempenho nos estudos;

- deixar claro para o aluno a expectativa que se tem dele em relação ao desempenho escolar;
- explicar com clareza cada atividade avaliativa, dando instruções objetivas;
- circular pela classe quando os alunos estiverem trabalhando a fim de observar cada um deles, verificar suas atividades e orientá-los sempre que necessário;
- informar regularmente ao aluno os resultados que estão sendo atingidos, analisando seus avanços e dificuldades no processo de construção do conhecimento;
- conversar com os alunos sobre o seu desempenho, não simplesmente apresentar uma nota ou um conceito frio e impessoal;
- mostrar aos alunos as provas, os trabalhos e os exercícios que serviram como instrumento de avaliação corrigidos, para que ele possa verificar o que acertou e o que errou, e como pode melhorar nos estudos;
- estimular o aluno a continuar progredindo;
- incentivar o aluno a encarar os erros de forma construtiva, ou seja, como uma maneira de aprender e se aperfeiçoar;
- dar o *feedback* sem causar constrangimento e sem repreensões públicas e vexatórias;
- corrigir as provas, trabalhos e exercícios em, pelo menos, uma semana, para que o aluno não espere muito pelo feedback. Quanto mais rápido os alunos souberem o que acertaram e o que erraram, mais fácil será para eles avançar na construção do conhecimento;
- proporcionar que os alunos se **autoavaliem**, verificando seus pontos fortes e os pontos que devem ser melhorados, seus avanços e suas dificuldades;
- orientar o aluno a refletir sobre o seu desempenho, para que possa identificar seus pontos fortes, o que aprendeu e em que precisa melhorar. Dessa forma, será possível que ele desenvolva o sentido de responsabilidade pelos seus atos e uma atitude crítica em relação à aprendizagem, ao seu comportamento e aos seus próprios conhecimentos.

PARA SABER MAIS! O filme Coach Carter: treino para a vida *(1999), baseado na história real de Ken Carter, conta a história de um treinador (coach) de basquete que deseja transformar a vida de garotos de uma escola da periferia da Califórnia, utilizando o esporte e a educação. Interessante observar a postura do treinador, a forma como ele trata os jogadores, como ele dá* feedback *e como ele consegue resgatar a autoestima e autoconfiança de todos.*

Glossário – Unidade 4

Afetividade – capacidade de reação apresentada por um sujeito diante de estímulos internos ou externos, cujas principais manifestações são os sentimentos e as emoções.

Autoavaliação – tipo de avaliação em que o indivíduo avalia a sua performance.

Autonomia – capacidade que os seres humanos apresentam de poder tomar decisões sem ajuda do outro.

Avaliação formativa – tipo de avaliação que ocorre durante o processo ensino-aprendizagem. É também conhecida como avaliação processual.

Educação corporativa – prática coordenada de gestão de pessoas e de gestão do conhecimento tendo como orientação a estratégia de longo prazo de uma organização.

Empatia – sentimento de se colocar no lugar do outro, percebendo assim as reações, as dores e as angústias de passar por determinada situação.

Epistemólogo – aquele que trabalha com epistemologia que é a ciência que estuda o conhecimento humano e o modo como o indivíduo age para desenvolver suas estruturas de pensamento.

Estratégias de ensino – conjunto organizado de ações para a melhor consecução de uma determinada aprendizagem.

Mecanicista – concepção que acredita que a natureza é como uma "máquina", um mecanismo em funcionamento e o corpo humano é visto como uma máquina, animada pela alma.

Podcast – também chamados de podcastings, são arquivos de áudio transmitidos via internet.

Práxis educativa – ação transformadora realizada pelo ser humano no âmbito da educação, pela qual transforma o mundo e também se transforma.

Relações interpessoais – relação entre duas ou mais pessoas.

Referências

DEAQUINO, C. T. E. *Como aprender: andragogia e as habilidades de aprendizagem*. São Paulo: Pearson Prentice Hall, 2007.

HAIDT, R. C. *Avaliação do processo ensino-aprendizagem*. São Paulo: Ática, 2008.

LEFRANÇOIS, G. R. *Teorias da aprendizagem*. São Paulo: Cengage Learning, 2013.

LUCKESI, C. C. *Filosofia da educação*. São Paulo: Cortez, 2011.

MALHEIROS, B.T. *Didática geral*. Rio de Janeiro: LTC, 2013.

MONTE-SERRAT. F. *Emoção, afeto e amor: ingredientes do processo educativo*. São Paulo: Academia de Inteligência, 2007.

MOREIRA, P. R. *Psicologia da educação: interação e identidade*. São Paulo: FTD, 2000.

RODRIGUES, A. M. Metodologias de ensino-aprendizagem em educação corporativa. In: RAMAL, A. (Org.) *Educação corporativa: fundamentos e gestão*. Rio de Janeiro: LTC, 2012.

SHAFFER, D. R.; KIPP, K. *Psicologia do desenvolvimento: infância e adolescência*. São Paulo: Cengage Learning, 2012.

WILLIAMS, R. L. *Preciso saber se estou indo bem: uma história sobre a importância de dar e receber feedback*. Rio de Janeiro: Sextante, 2005.

Ana Maria Rodrigues dos Santos

É mestre em Psicologia (UGF), especialista em Responsabilidade Social e Terceiro Setor (UFRJ), em Mediação Pedagógica na Modalidade a Distância (PUC Rio) e em Educação com Aplicação da Informática (UERJ), com graduação em Psicologia e Pedagogia. Atua como coordenadora de pesquisa e pós-graduação e de Educação a Distância na Faculdade de Medicina de Petrópolis/Faculdade Arthur Sá Earp Neto (FMP/Fase) e como professora de Metodologia Científica e Educação e Tecnologias da Informação e Comunicação na Fase. É tutora e orientadora de Trabalho Final de Curso no Curso de Pós-Graduação a Distância de Planejamento, Implementação e Gestão em Educação a Distância (PIGEAD - UFF) e também tutora no Programa de Desenvolvimento Docente no Senac-Rio.